++++++++++++++++++ Griechen besiegen Perser bei Salamis! ++++++++

+++ Ulrich Graser +++

Griechen besiegen Perser bei Salamis!

Wendepunkte der Geschichte

Die Deutsche Nationalbibliothek verzeichnet diese Publikation in der Deutschen Nationalbibliografie; detaillierte bibliografische Daten sind im Internet über http://dnb.d-nb.de abrufbar.

Das Werk ist in allen seinen Teilen urheberrechtlich geschützt. Jede Verwertung ist ohne Zustimmung des Verlages unzulässig. Das gilt insbesondere für Vervielfältigungen, Übersetzungen, Mikroverfilmungen und die Einspeicherung in und Verarbeitung durch elektronische Systeme.

© 2011 Konrad Theiss Verlag, Stuttgart
Umschlaggestaltung: Stefan Schmid Design, Stuttgart
Bild: akg-images (Gemälde von Wilhelm von Kaulbach [1804-1874])
Lektorat: Thomas Theise, Regensburg
Kartografie: Peter Palm, Berlin
Gestaltung: Stefanie Silber, www.silbergestalten.de
Satz: Satzpunkt Ursula Ewert GmbH, Bayreuth
Druck und Bindung: Beltz Druckpartner, Hemsbach
Gedruckt auf säurefreiem und alterungsbeständigem Papier
Printed in Germany

Besuchen Sie uns im Internet: www.theiss.de
ISBN 978-3-8062-2402-3

Elektronisch sind folgende Ausgaben erhältlich:
eBook (PDF): 978-3-8062-2536-5
eBook (epub): 978-3-8062-2537-2

Inhalt

Ein Meer aus Trümmern und Leichen ... 9

Salamis – sicher geglaubter Sieg der Perser ... 14
    Xerxes auf dem Höhepunkt seiner Herrschaft ... 15
    Ein Wendepunkt – aber für wen? ... 15
    Es geht nicht nur ums nackte Überleben ... 16
    Der Hellenenbund schafft die Wende ... 17
    Perserkriege prägen Griechenlands Entwicklung ... 17
    Grundstein für innergriechischen Dualismus ... 18
    Perser stoßen an ihre Grenzen ... 19

Von Kyros bis Xerxes – ein Imperium entsteht ... 20
    Kyros der Große – Baumeister des ersten Weltreichs der Geschichte ... 21
    Kroisos verrechnet sich ... 22
    Herodot & Co. – zur Quellenlage für die Zeit der Perserkriege ... 26
    Der gute König Kyros oder Die Herrschaftstechnik der ersten Weltmacht ... 28
    Neues Zeitalter für die Griechen Kleinasiens ... 29
    Auf dem Weg zur Weltmacht ... 30
    Das griechische Mutterland am Ende des 6. Jahrhunderts ... 32
    Sparta ... 32
    Athen ... 33
    Die Isonomie – Athens Entwicklung zur Demokratie ... 34
    Griechen-Poleis im Perserreich – ökonomische Blüte, politisches Joch ... 39
    Der Skythenzug ... 40
    Wirtschaftlicher Aufschwung im Zeichen der Pax Persica ... 41
    Griechen im persischen Heer ... 42
    Der Ionische Aufstand – die unmögliche Rebellion ... 44
    Die Rolle Milets ... 44
    Athen greift in den Konflikt ein ... 46
    Das Imperium schlägt zurück ... 47
    Mardonios sorgt für eine Überraschung ... 49

Die Strafexpedition des Datis ... 50
Die Schlacht von Marathon. ... 53
Feldzug mit Ansage – Xerxes gegen Griechenland ... 57
Die persischen Kriegsziele ... 58
Die Invasion, die nicht sein darf – der Feind, den es nicht gibt ... 59
Xerxes und sein Zug der Superlative ... 62
Die Griechen geraten unter Druck ... 63
Kläglich Verteidigungsversuche ... 64
Die Doppelschlacht an den Thermopylen und am Kap Artemision ... 66
Furcht, Panik und Stürme. ... 66
Xerxes wartet auf den typischen Verrat ... 67
Themistokles und das Geld ... 68
Überraschung – Angriff der Griechen ... 68
Der Weg ist frei ... 69

Salamis – ein Sieg gegen jede Wahrscheinlichkeit ... 70

Nach der Doppelschlacht – Griechenland ist verloren ... 71
Psychologische Kriegsführung ... 71
Themistokles – der umstrittene Held ... 72
Evakuierung in großem Stil ... 73
Schwarzer Rauch über der Akropolis ... 75
Die Perser – eine Spur der Verwüstung ... 76
Athen und Attika werden zerstört ... 77
Vor der Entscheidung – Nervenkrieg und Psychologie ... 78
Das griechische Lager – bleiben oder abziehen? ... 79
Xerxes – zum schnellen Erfolg verdammt ... 81
Auf Salamis brennt die Luft ... 83
Dramatische Stunden in der Nacht ... 84
Die Zwänge des Gegners ... 86
Wie viele Schiffe standen sich vor Salamis gegenüber? ... 87
Plötzlicher Auftritt des Aristeides ... 89
Die größte Seeschlacht der Antike. ... 89
Das Personal – wer kämpft hier eigentlich? ... 90
Der Schlachtplan der Perser ... 91
Den Krieg aufs Land tragen ... 93
Eine Schlacht voller Rätsel ... 95

Die Triere – Entwicklung, Bauweise, Besatzung 96
Schock im Morgengrauen 99
Blut, Schweiß und Tod 100
Die Triere als Kampfmaschine 102
Wie beim Thunfischfang 104
Heulen und Wehklagen in Susa 106

Hellas befreit, Griechenland entzweit 107

Von der Defensive in die Offensive – der Kampf geht weiter 108
Xerxes' diplomatische Offensive 109
Gemeinsam schlägt sich's besser – Plataiai und Mykale 110
Woran ist Xerxes gescheitert? 114
Das athenische Seereich und die Ära des Kimon 115
Das Schicksal des Pausanias 116
Risse im Hellenenbund 118
Mission Perserkriege – Athen übernimmt 119
Der Delisch-Attische Seebund 120
Vom Perser- zum Bruderkampf 123
Der Umsturz des Ephialtes 123
Der Weg in den Peloponnesischen Krieg 124
Athen in klassischer Zeit – Kulturhauptstadt Europas 127
Bevölkerung und wirtschaftliche Grundlagen 128
Athens Bauprogramm – Ausdruck von Macht und Reichtum 130
Anziehungspunkt für die geistige Elite 131
Redetraining als praktische Lebenshilfe – die Sophisten 132
Demokratie und Imperialismus 134
Tragödie und Komödie 135

Salamis und die Perserkriege von der Antike bis heute 136

Monumentale und schriftliche Erinnerung in der Antike 137
Weihegaben für die Götter 137
Der Sieger schreibt die Geschichte 138
Marathon macht Karriere 139
»Sie sind für die Freiheit der Griechen gestorben« 142
Von einem unfähigen Feldherrn befreit … 143
Die Rezeption der Perserkriege in der Neuzeit 144

Lepanto als neues Salamis 145
Der Sieg des »reineren Blutes« 145
Änderung des Blickwinkels. 146
Xerxes wird rehabilitiert 147
Wenn Xerxes bei Salamis gesiegt hätte 148
Xerxes erobert Griechenland – Szenario I................... 149
Xerxes erobert Griechenland – Szenario II 151

Anhang 153
Zeittafel 153
Quellen und Literatur...................................... 155

Register 157

+++ Ein Meer aus Trümmern und Leichen +++

Dunkle Nacht liegt über der Bucht von Salamis. Im weiten Halbrund der Küstenlinie ankern mehr als dreihundert Kriegsschiffe. Zigtausend Männer sitzen, liegen und stehen am Strand. Einige schlafen, viele haben sich in Gruppen zusammengefunden und diskutieren, halblaut zwar, aber heftig. Immer wieder deuten sie aufs Meer hinaus und schütteln die Köpfe. Feuerstellen erhellen die Szenerie. Über den Lagerplatz patrouillieren Soldaten. Von Attika, auf der anderen Seite der Meerenge, dringen Marschgeräusche herüber, Befehle, Fanfarenstöße, Peitschenhiebe. Sie lassen die Griechen auf Salamis schaudern. Hören sich so die Vorboten des Todes an?

+++ **Nikolaos fröstelt.** Er schlingt die Arme um die Knie und zieht sie fester an den Körper. Außer einem Lendenschurz trägt er kein Kleidungsstück zum Schutz vor der kühlen Meeresbrise. Etwas abgesondert kauert er ganz allein auf einer kleinen Anhöhe über dem Strand. Nikolaos sieht auf die Bucht hinaus, horcht angestrengt in die Dunkelheit. Seit Stunden hockt er schon hier. Ihm ist, als würden sich drüben, in seiner Heimat, Millionen von feindlichen Soldaten in Bewegung setzen, keine zehn Stadien von Salamis entfernt. Plötzlich steht Demochares neben ihm. In der Triere »Aphrodite« rudert er gleich hinter Nikolaos. Demochares reicht seinem Freund eine kleine Schale: »Du musst essen«, sagt er, »sonst hast du morgen keine Kraft, wenn wir die Perser schlagen.« Nikolaos antwortet nicht. Er nimmt die Schale, überlegt kurz. Dann reicht er das Essen zurück: »Morgen Abend«, flüstert er und sieht seinen Freund mit großen Augen an, »werden wir dann noch leben?«

Demochares hebt den Kopf, lenkt den Blick ins Dunkle, Richtung Attika: »Mit Athenas Hilfe.« Schnell greift er in die Schüssel und kratzt die letzten Reste der Hafergrütze aus. Er weiß, was Nikolaos Sorgen bereitet. Sein Großvater, der schon ein wenig gebrechlich ist, blieb in Athen zurück, als alle anderen im späten Sommer die Stadt und die Höfe auf dem Land fluchtartig verließen. Und Nikolaos' Mutter war mit seiner Frau und dem kleinen Sohn nach Aigina ausgeschifft worden, ehe er sie noch einmal sehen konnte. Zu lange hatten die Gefechte am Kap Artemision gedauert. Als die »Aphrodite« nach Attika zurückkehrte, waren viele Frauen und Kinder schon in Sicherheit gebracht worden. Morgen nun würde vor der Küste von Salamis die nächste Seeschlacht stattfinden, vielleicht die letzte. Tausend Schiffe soll der Perserkönig aufgeboten haben, dreimal so viele wie die Griechen. Viele Phönizier sind dabei, Ägypter, Ionier – die besten Seefahrer der Welt. Nur die Götter wissen, ob Nikolaos seine Familie wiedersehen wird. Alle hatten beobachtet, wie nach der Einnahme Athens tagelang eine schwarze Rauchfahne über der Akropolis aufgestiegen war. Großvater, wo bist du?

Nicht nur Nikolaos schläft schlecht in dieser Nacht. Kurz vor Sonnenaufgang werden die Krieger zum Appell gerufen. Die Feldherren der einzelnen Poleis richten einige Worte an sie. Die Korinther, die Spartaner, die Aigineten und die anderen. Nikolaos und Demochares sind zu weit weg, um etwas zu verstehen. Aber als der Athener Themistokles spricht, senkt sich ringsum der Lärmpegel. Die allgemeine Unruhe weicht für einen Moment gespannter Aufmerksamkeit. Themistokles' Stimme füllt die Bucht. Wie gebannt verfolgen die Männer seine Worte. Sie sollten, sagt der berühmte Stratege, alle guten und schlechten Regungen, deren der Mensch fähig sei, nebeneinander stellen und sich dann stets für den guten Teil entscheiden. Während Nikolaos noch überlegt, was damit gemeint sein könnte, gibt Themistokles den Befehl, auf die Schiffe zu gehen. Die beiden Freunde sitzen im Bauch der »Aphrodite« ganz unten, direkt am Bug, gleich hinter dem Rammsporn, der gefährlichen Waffe der Triere. Sie steigen als erste an Deck, klettern hinunter und binden ihre langen Riemen mit Lederbändern an der Ruderpforte fest. Das Leder ist mit Hammeltalg eingefettet, damit der Riemen schön geschmeidig zu führen ist. Nikolaos pult aus seinem Beutel die letzten Talgreste und reibt die Bänder noch einmal ein. Demochares muss grinsen: »Du hast doch gestern schon mehr Fett gebraucht als alle anderen 169 Ruderer zusammen.« Nikoloas zuckt nur mit den Schultern und macht sich bereit. Inzwischen haben auch die Offiziere, die Matrosen und die Krieger das Schiff bestiegen. Um den Kapitän am Heck und um den Steuermann gruppieren sich Bogenschützen. Die schwergerüsteten Hopliten verteilen sich auf die Deckplanken. Unter ihren Schritten gerät die »Aphrodite« leicht ins Schwanken. Endlich setzen sie sich. Nikolaos kann nur anhand der Geräusche ahnen, was oben vor sich geht. Selbst am helllichten Tag sieht er von seinem Platz aus allenfalls den Steuermann und seine Helfer und, wenn er sich zur Seite lehnt und den Kopf vorstreckt, ein Stück des Himmels. Aber jetzt herrscht noch das Zwielicht des Morgens. Helios, der Sonnengott, hat eben erst seinen Wagen bestiegen und schickt sich an, hinter dem Aigaleos-Hügel die Fahrt über das Firmament zu beginnen. Noch ist es nicht Tag, aber die Nacht hat sich schon verabschiedet. Noch ist Nikolaos am Leben. Aber jetzt nimmt er Abschied, innerlich. Der Auletes bläst seine Flöte, gibt den Rudertakt vor. Es geht los.

Langsam gleitet die »Aphrodite« aus der Bucht, in einer Reihe mit Hunderten anderen griechischen Schiffen. Ein Schlachtruf ertönt, alle Ruderer stimmen ein. Sie fassen Mut, packen die Riemen fester. Doch der Steuermann lässt anhalten, sogar leicht zurückrudern. Dann, ganz in der Nähe, ein Rammstoß, Schreie. »Volle Kraft voraus!«, brüllt der Rudermeister. Die Flöte überschlägt sich. Nikolaos zieht durch, zieht durch, im Rhythmus, im Rhythmus, schneller und schneller. Gleich kommt der Schlag, gleich kommt – das Ende? Den ersten Rammstoß dieses denkwürdigen Tages wird Nikolaos nie vergessen. Die »Aphrodite« erwischt den Gegner nicht frontal. Erst rutscht der Rammsporn am Holz ab, Nikolaos kommt aus dem Gleichgewicht, muss sich festhalten. Dann treibt die Wucht der Geschwindigkeit den Bronzekopf doch noch durch die Bretter. Fremde Stimmen schreien auf, in Todesangst. Jetzt heißt es: Weg vom Feind! Nikolaos sieht nach oben, zu den Ruderern der anderen Reihen. Mit Kopfnicken stimmen sie sich ab. Im Gleichklang bewegen sie die Riemen, doch die »Aphrodite« kommt nicht vom Fleck. Steckt der Rammsporn zu tief? Die Bogenschützen feuern übers Deck hinweg, Pfeil um Pfeil. Schwerter klirren aufeinander. Demochares ruft: »Die entern uns!« Da stürzt ein Mensch herunter, vor Nikolaos' Füße. Er trägt einen Schuppenpanzer und auf dem Kopf einen Filzhut. Das Gesicht ist kaum zu erkennen. Nase und Mundpartie fehlen. An ihrer Stelle klafft ein blutiges Loch. Nikolaos schaut weg, fixiert den Holzbalken vor der Stirn und zieht weiter seinen Riemen durch. Endlich ruckt die Triere, macht sich los. Die Schreie werden leiser. Der Schiffszimmermann läuft durchs Schiff und inspiziert die Wände. Keine Schäden, bisher.

Bis zum Nachmittag bohrt die »Aphrodite« noch weitere drei Schiffe in den Grund des Sundes vor Salamis. Zwischendrin verlässt der Kapitän immer mal wieder die Schlachtreihe, um seiner Mannschaft eine Ruhepause zu gönnen. Nikolaos ist ausgepumpt. Es gibt kein Wasser, nichts zum Essen. Die Ruderer baden in Schweiß, im eigenen und in dem, der von oben heruntertropft. Die Konzentration lässt nach. Doch die Flöte gibt unerbittlich den Takt vor. Wer nicht mitkommt, gefährdet die Kameraden, das Schiff, die Rettung der eigenen Familie und ganz Griechenlands.

Der Gedanke an seine Frau und den kleinen Sohn hält Nikolaos wach, lässt ihn weiterrudern. Mit Athenas Hilfe wird er sie vielleicht wiedersehen. Dem Vater war dieses Glück nicht beschieden, damals vor Marathon. Er ließ sein Leben für die Freiheit. Auf der Stele seines Heimatbezirks ist der Name aufgeschrieben. Einer von 192 Gefallenen. Nach der Schlacht bei Salamis würden viele Stelen benötigt werden, um alle Toten aufzulisten. Nikolaos will nicht, dass sein Name dabei ist. Im Takt des Flötentons taucht er sein Ruder ein und zieht den Riemen durch. Immer häufiger stößt das Ruderblatt auf Gegenstände. Harte, hölzerne Gegenstände, Wrackteile. Manchmal fühlt es sich aber auch sehr weich an. Wie Segeltuch oder – wie Menschen?

Zum Nachdenken kommt Nikolaos aber nicht mehr. Noch ehe er versteht, welchen Befehl der Steuermann gegeben hat, wird ihm sein Ruder mit brachialer Gewalt aus der Hand gerissen. Der Schaft knallt ihm gegen die Brust. Nikolaos bleibt die Luft weg. Da splittert die Bordwand. Ein bronzener Rammsporn kommt auf ihn zu. Er wirft sich zur Seite, auf den toten Perser. Die Kameraden fallen über ihn. Ein Knie trifft Nikolaos am Kopf, er verliert das Bewusstsein.

Als er wieder zu sich kommt, treibt er im Meer. Das Wasser ist kalt, es hat ihn zurückgeholt aus dem gefährlichen Schlummer. Zum Glück kann er schwimmen. Doch wohin? Die »Aphrodite« schlingert in zwanzig Metern Entfernung über die rot gefärbten Wellen, in der Seite ein großes Leck. Die meisten Ruder sind gebrochen. An Deck kämpfen einige Krieger mit Schwertern und Lanzen. In Nikolaos' Umgebung schwimmen Bretter, Leichen, Tücher, Kisten, Segel und Taue. Überlebende wie er klammern sich an allem fest, was Halt verspricht. Sind sie Griechen? Und wenn ja: Auf wessen Seite kämpfen sie? Er will gerade einen hellhäutigen Mann mit rotem Bart fragen, der vor ihm im Wasser treibt. Doch dazu kommt es nicht mehr. Ein Pfeil durchbohrt den Hals des Rotbarts. Nikolaos dreht sich um, sieht den Schützen auf einem Schiff ganz in der Nähe. Der setzt den nächsten Pfeil auf den Bogen und zielt in seine Richtung. Nikolaos taucht unter. Er schwimmt und schwimmt, bis ihm fast die Lunge platzt. Vorsichtig steckt er den Kopf aus dem Wasser, nimmt einen toten Körper als Deckung. Die Gefahr scheint vorüber. Dort drüben liegt Salamis, vielleicht zehn Schiffslängen entfernt. Nikolaos beschließt, es zu versuchen.

Helios hat seine Bahn fast vollendet, als der Ruderer der »Aphrodite« den Inselstrand erreicht. Den Wachen gegenüber kann er sich, obwohl nackt, zitternd und zerschunden, glaubwürdig als Athener zu erkennen geben. Der Dialekt ist unverkennbar. Für Nikolaos ist die Schlacht zu Ende. Am Abend kehren die griechischen Trieren in die Bucht zurück. Es sind nicht viel weniger als am Morgen. Die Perser, so geht das Gerücht im Lager, hatten wesentlich höhere Verluste. Sie wurden von den Griechen aus dem Sund hinausgedrängt. Xerxes persönlich, der »König der Könige«, soll vom Aigaleos aus die Schlacht beobachtet haben, auf einem golden schimmernden Thron sitzend. Was wird er jetzt tun? Unternimmt er morgen einen neuen Versuch? Drei Tage währte vor wenigen Wochen die Schlacht am Kap Artemision, ohne dass eine Entscheidung gefallen wäre. Wie lange dauert es diesmal? Am nächsten Morgen erteilt niemand den Befehl: »Auf die Schiffe!« Stattdessen macht eine Nachricht die Runde, die zunächst weder Nikolaos noch einer seiner Kameraden glauben kann: Die Häfen von Piräus und Phaleron sind leer, die Flotte der Perser ist verschwunden. Das bedeutet: Die Griechen haben das Unmögliche geschafft. Sie haben gegen einen vielfach überlegenen Feind die Oberhand behalten. Die Opfer haben sich also gelohnt. Athena sei Dank. Nikolaos kann es kaum erwarten, Frau und Kind wieder in die Arme zu schließen. Für den Großvater wird er auf der Grabstätte der Familie eine Stele errichten lassen. Und dann muss er noch zum Haus des Demochares: Sein Freund ist nicht ins Lager zurückgekehrt.

+++ Salamis – sicher geglaubter Sieg der Perser +++

Xerxes, König der Perser, Herrscher über das größte und mächtigste Reich der bekannten Welt, richtet sich an diesem Morgen im späten September mit seinen engsten Mitarbeitern auf dem Aigaleos-Hügel ein, um sich das Spektakel der Seeschlacht vor der Insel Salamis zu gönnen. Er erwartet nichts anderes als einen großartigen Erfolg seiner Flotte. Einen strahlenden Sieg, ein weiteres eindrucksvolles Beispiel für die Überlegenheit seiner Vielvölkerarmee gegen diese armseligen Griechen. Eigentlich eine reine Formsache. Doch dann kommt alles ganz anders, und der König muss es mit ansehen.

Xerxes auf dem Höhepunkt seiner Herrschaft

Nach dieser entscheidenden Seeschlacht würde Xerxes den Rest des kleinen Landes rasch unterwerfen. Die Niederlage von Marathon wäre vergessen, die Ägäis endgültig persisches Einflussgebiet, in dem der Wille des Großkönigs Gesetz ist. Viele neue Gaben flössen in die Schatzkammern von Susa. Xerxes könnte endlich nach Asien heimkehren und dort nach dem Rechten sehen. Auch innenpolitisch hätte der König die Hand frei: Mit der Eroberung Athens und der Eingliederung des ägäischen Raums könnte er alle jene persischen Großen mundtot machen, die noch immer an seiner Legitimation als Nachfolger des Dareios zweifelten. Dieser Tag markierte den bisherigen Höhepunkt einer knapp sechsjährigen Herrschaft.

Doch entgegen seinen Erwartungen wurde Xerxes Zeuge, wie die armseligen Griechen in dem Gewässer zu seinen Füßen die persische Flotte Schiff um Schiff rammten, versenkten, enterten, vertrieben, vernichteten. Xerxes sah zu, wie die phönizischen, die persischen, die ionischen Schiffe in seinen Diensten verzweifelt die Flucht ergriffen, wie sie versuchten, der tödlichen Wirkung der Rammsporne der griechischen Trieren zu entkommen, wie sie sanken, kippten, hilflos auf dem Wasser trieben. Einen ganzen Tag lang währte die Demütigung des »Königs der Könige«. Danach hatte er genug. Xerxes trat den Rückzug nach Asien an. Sollte sein Feldherr Mardonios im kommenden Jahr die Sache militärisch zu Ende bringen. Xerxes jedenfalls würde seinen Fuß nie wieder auf europäischen Boden setzen.

Ein Wendepunkt – aber für wen?

War Salamis damit zum Wendepunkt geworden? Diese Frage ist nicht so einfach mit Ja oder Nein zu beantworten. Ganz sicher bedeutete der unerwartete Ausgang der Seeschlacht einen Wendepunkt für den Krieg des Xerxes gegen Griechenland. Der Sieg der Griechen widersprach jeder Wahrscheinlichkeit. Die hellenische Flotte war vermutlich nur etwa halb so groß wie die des

Königs. Die Griechen des Festlands konnten zu dieser Zeit von Ausnahmen abgesehen noch nicht als geübte Seefahrer bezeichnet werden. Die fanden sich eher in den Reihen des Xerxes. Die Ionier – Griechen auch sie, aber gezwungenermaßen in Diensten der Perser stehend – galten gemeinsam mit Phöniziern und Ägyptern als die besten Seeleute. Schon seit vielen Jahren kämpften sie mit den Dreiruderern, den Trieren. Die Griechen im Mutterland dagegen, vor allem die Athener, hatten gerade erst begonnen, eine Kriegsflotte aufzubauen. Nicht nur zahlenmäßig, auch taktisch und manövriertechnisch stand sie am Beginn ihrer Entwicklung. Das wussten nicht nur die Hellenen selbst, sondern natürlich auch die Perser. Die Strategie des Xerxes war darauf ausgerichtet, die schiere quantitative und im Fall der Flotte auch qualitative Überlegenheit in einen vollständigen militärischen Sieg umzumünzen. Gelänge dies, könnte in Griechenland und im ägäischen Raum keine Entscheidung mehr ohne den König getroffen werden. Jede ernst zu nehmende Flotten- oder Truppenkonkurrenz wäre ausgeschaltet. Für Xerxes war dieses Ziel schon mit Händen zu greifen. Doch es entglitt ihm Ende September 480 v. Chr. im letzten Augenblick. So gesehen wendete sich die Geschichte am Abend der Schlacht bei Salamis tatsächlich.

Es geht nicht nur ums nackte Überleben

Für die Griechen, soweit sie sich als Kampfgemeinschaft verbündet hatten, standen am Morgen vor der Schlacht nicht nur das nackte Überleben und die politische Unabhängigkeit auf dem Spiel – Spartas Rolle als militärische Vormacht wäre ins Wanken geraten, hätte das Heer des Xerxes den Weg auf die Peloponnes gefunden. In Athen hätte ein persischer Sieg das seit Jahren gegen große innere Widerstände verfolgte Konzept des Strategen Themistokles, die Entscheidung auf dem Meer zu suchen, auf Jahrzehnte hinaus diskreditiert. Bei Marathon hatten zehn Jahre zuvor die Hopliten, die Bürger in Waffen, die Perser geschlagen – weitgehend ohne fremde Hilfe. Eine Niederlage vor Salamis und von der schönen neuen Flotte Athens wäre wenig übriggeblieben. Statt dessen wurde die Flottenpolitik zur Grundlage des raschen

Aufstiegs Athens. Attikas Zukunft lag nun auf dem Wasser, während sich Sparta, der wichtigste Partner im Abwehrkampf, auf seine traditionelle Rolle als Landmacht konzentrierte. In dieser Hinsicht markiert Salamis weniger einen Wendepunkt der Geschichte, vielmehr beschleunigte der glückliche Ausgang der Schlacht eine Entwicklung, die Jahre zuvor mit der Entscheidung Athens zum Flottenbau begonnen hatte. Salamis wirkte gewissermaßen als Katalysator, der den Selbstbehauptungswillen Athens entfachte.

Der Hellenenbund schafft die Wende

Ein Wendepunkt war der Sieg bei Salamis in jedem Fall im griechischen Abwehrkampf gegen die Perser. Im Spätsommer 480 hatte Xerxes den größten Teil Griechenlands unterworfen, zahlreiche Städte und Heiligtümer zerstört. Er besetzte und zerstörte das von seinen Einwohnern verlassene Attika samt Athen und wähnte sich schon am Ziel. Doch nun stand er unter Schock. Mardonios, der erprobte Feldherr und Cousin des Königs, sollte im folgenden Jahr die Griechen doch noch schlagen – zu Land, nicht mehr auf dem Wasser. Bekanntlich ging aber auch diese Schlacht bei Plataiai verloren. Fürs erste hatten die Griechen die Persergefahr abgewendet, mehr noch: Sie schüttelten ihre defensive Haltung ab und gingen zu offensiven Aktionen im Machtbereich des Gegners über.

Perserkriege prägen Griechenlands Entwicklung

Die weitere Entwicklung Griechenlands stand ganz unter dem Eindruck der erfolgreich bestandenen Perserkriege, die sich in der Ägäis und in Asien noch über drei Jahrzehnte hinzogen. Dieses Erfolgserlebnis prägte nicht nur die Lebenswirklichkeit der beteiligten Städte und ihrer Bürger im Inneren wie in ihren Beziehungen zueinander. Das kulturelle Gedächtnis der gesamten Antike unterlag der Wirkmächtigkeit des athenischen Einflusses.

So bestimmt die spezifisch europäisch-griechische Sichtweise noch heute unser Bild von den damaligen Ereignissen. Nach Plataiai dauerte es über achtzig Jahre, bis persische Soldaten sich wieder in Griechenlands Nähe blicken ließen. Salamis und Plataiai sind deshalb in einem Atemzug zu nennen. Doch ohne den Seesieg von 480 hätte es 479 keine Entscheidungsschlacht an Land gegeben. Ein Erfolg der Perser bei Salamis hätte für die Einwohner der meisten Städte, die sich nicht unterworfen hatten, Tod oder Deportation, zumindest aber politische Unselbstständigkeit bedeutet. Welche Entwicklung würde Griechenland in diesem Falle genommen haben? Hellas als persische Satrapie? Der Feldzug des Xerxes traf die Griechen just zu einer Zeit, als in Athen und anderen Stadtstaaten (Poleis) die Tyrannis überwunden und die alte Adelsherrschaft zurückgedrängt war zugunsten einer Beteiligung breiterer Schichten an der Politik. Themistokles ist für uns der bekannteste Exponent jener Strömung. Die Teilhabe am Staat förderte auch das Interesse an dessen Schicksal. Themistokles verstand es, die Athener davon zu überzeugen, dass eine große Flotte für ihr Überleben notwendig sei. Der von der Bürgerversammlung beschlossene Flottenbau war damit eine Sache aller Athener, auch und vor allem solcher Schichten, die aufgrund ihrer Armut bis dahin weitgehend vom politischen Leben ausgeschlossen waren. Als Ruderer wurden sie dringend benötigt. Mittels Muskelkraft erwarben sie sich ein Mitspracherecht in öffentlichen Angelegenheiten.

Grundstein für innergriechischen Dualismus

Der Sieg über die Perser beförderte ohne Zweifel die Entwicklung Athens zur vollen Demokratie und ermöglichte erst den Aufstieg zur zweiten griechischen Großmacht. Salamis legte damit auch den Grundstein für den Antagonismus zwischen der Landmacht Sparta und der Seemacht Athen, der schließlich im Peloponnesischen Krieg zum Ausbruch kam, fünfzig Jahre nach dem gemeinsamen Sieg über die Perser. Im Windschatten seiner Großmachtpolitik rückte Athen zum unbestrittenen kulturellen Zentrum der antiken Mittelmeerwelt auf. Philosophie, Drama, bildende Kunst,

Naturwissenschaft und Rhetorik – was in jener Zeit und danach in Athen gedacht, geschrieben, geschaffen wurde, ist bis heute grundlegend für Europa. Wäre es das auch, hätte Xerxes im September 480 bei Salamis obsiegt?

Perser stoßen an ihre Grenzen

Für die Perser war die Niederlage schmerzlich, teuer und im Hinblick auf mögliche Aufstände unterworfener Völker gefährlich. An ihrem Status als Weltmacht änderte sich jedoch nichts. Mit Salamis endete jedoch die nahezu ungebremste Expansion. Das erste Weltreich der Geschichte war nach sieben Jahrzehnten des Wachstums buchstäblich an seine Grenzen gestoßen – Europa ließ sich nicht auf Dauer halten. Der Hellespont, aber auch die Dynamik der politischen Entwicklung in der Ägäis erwiesen sich als unüberwindliche Hindernisse für deren Eingliederung in den persischen Machtbereich. Eine ähnliche Erfahrung hatte schon Xerxes' Vater und Vorgänger Dareios gemacht, als er 513 v. Chr. den Skythen erfolglos durch die ukrainische Steppe nachjagte. Das Projekt Griechenland ließ sich dagegen zunächst besser an, waren doch viele Hellenen allzu gern bereit, die Oberhoheit des Großkönigs anzuerkennen, wenn sie nur in Ruhe ihren Geschäften nachgehen und ihren griechischen Nachbarn damit ein Schnippchen schlagen konnten. Die Kleinstaaterei und traditionelle Uneinigkeit der Griechen kostete sie letzten Endes beinahe die Selbstständigkeit. Unter dem Druck einer bis dahin unbekannten Kriegsmaschinerie stellten aber einige wenige ihre Differenzen hintan und rauften sich immer wieder zusammen – so auch in den dramatischen Stunden vor der Schlacht bei Salamis.

Kyros, der Begründer des persischen Reiches, drehte sich womöglich im Grabe herum. Seine erste Begegnung mit den Griechen lag gerade einmal rund fünfundsechzig Jahre zurück. Hier setzt unser Rückblick auf die Vorgeschichte von Salamis ein: Wie kam es dazu, dass der »König aller Könige« höchstpersönlich an der Spitze eines gigantischen Heeres und einer riesigen Flotte in das kleine Griechenland an der Peripherie seines Reiches einmarschiert – und sich dann auch noch eine äußerst blutige Niederlage einhandelt?

+++ Von Kyros bis Xerxes – ein Imperium entsteht +++

Kyros II., der Große, Urvater des persischen Weltreichs, bestieg um 560 v. Chr. in der Persis, einer Landschaft im heutigen Südiran, den Thron der Achaimeniden. Er entschied sich für eine offensive Strategie, um die Herrschaft der Perser zu erhalten und auszubauen. Zwischen 550 und 530 v. Chr. eroberte Kyros mit seinen Truppen aus vielen Völkern ein Gebiet, das von Indien bis Kleinasien reichte, vom Aralsee bis nach Palästina. Zahlreiche Griechenstädte im Osten der Ägäis wurden Teil dieses Reiches. Obwohl sie wirtschaftlich eher davon profitierten, wollten sich die Hellenen nie mit der persischen Oberhoheit abfinden. Wie es ihnen überhaupt schwerfiel, Herrscher zu akzeptieren, die nicht aus ihrem jeweiligen Stadtverband hervorgingen.

Kyros der Große – Baumeister des ersten Weltreichs der Geschichte

Mit seinen fünfundzwanzig Jahren steht Xenophanes aus Kolophon in Saft und Kraft. Vor den Mauern seiner Heimat-Polis, einer der einst reichsten ionischen Städte an der kleinasiatischen Küste, lagern die Heerhaufen des Meders Harpagos. Ultimativ verlangt der General des persischen Großkönigs die Übergabe der Stadt, die Unterwerfung seiner Bewohner unter die Bedingungen, die Kyros stellt: jährliche Tributzahlungen, Stationierung einer persischen Garnison, Heeresfolge im Kriegsfall. Als hitziger Eiferer nimmt Xenophanes an den Diskussionen teil, die auf allen Straßen und Plätzen geführt werden: Soll sich die Stadt der offensichtlichen Übermacht ergeben? Oder soll sie sich wehren und ehrenvoll untergehen?

Eine Wahl wie zwischen Skylla und Charybdis. Den Kolophoniern steht das Schicksal einiger ihrer Nachbarstädte vor Augen, die bereits vor ihnen Bekanntschaft mit den Persern gemacht haben. Phokaia hatte sich entschlossen, die gesamte Bevölkerung auf Schiffe zu verladen und auszuwandern. Die Bewohner von Teos hatten es ihnen gleichgetan, nachdem Harpagos die tëische Stadtmauer mithilfe von Belagerungshügeln aus Erde, Lehm und Schutt schon bezwungen hatte. Priene wurde zerstört, die Bewohner in die Sklaverei verkauft. Lange würde sich auch Kolophon nicht mehr halten können. Ein Hafen als letzter Ausweg steht nicht zur Verfügung – zur Küste sind es rund dreizehn Kilometer.

Wir wissen nicht, wie sich die Kolophonier letztlich entschieden haben. Dass die Stadt unterworfen wurde, steht immerhin fest. Für Xenophanes bedeutete dies den Gang ins Exil. Als wandernder Rhapsode, als Dichter und Naturphilosoph schlug er sich noch rund siebzig Jahre durch die griechische Welt. Von ihm stammt eine Sentenz, die zu Zeiten der Perserkriege im 5. Jahrhundert als geflügeltes Wort Karriere machte: »Sag mir, wie alt warst du zu der Zeit, als der Meder ins Land kam?« Dies Zitat belegt, wie einschneidend der Eintritt der Perser in die Welt der Griechen für diese gewesen sein muss. Unter dem Vorzeichen der persischen Weltmacht bildeten beide mehr als zweihundert Jahre lang eine Art Schicksalsgemeinschaft.

Wir befinden uns in den 540er Jahren v. Chr.: Die Griechenstädte, an der kleinasiatischen Küste aufgereiht wie an einer Perlenkette, haben sich unter der Herrschaft des Lyderkönigs Kroisos eingerichtet. Kroisos, der König mit dem sprichwörtlichen Reichtum, war nach Herodot »unter den Barbaren, von denen wir wissen, der erste, der sich etliche Hellenen unterwarf«: die Ionier, die Aioler und die Dorier, das heißt alle Griechen an der kleinasiatischen Küste. Sie stöhnten unter dem *phoros*, dem Tribut, den sie entrichten mussten. Heeresfolge gehörte wohl auch zu den Pflichten. Zufrieden waren sie nicht mit der lydischen Oberhoheit, aber von Aufständen ist nichts bekannt. Eine Sonderstellung nahm das mächtige Milet ein, einer der größten und bedeutendsten griechischen Handelshäfen, gelegen an der Mündung des Mäander. Die Oligarchen der Stadt hatten es geschafft, sich mit Kroisos gut zu stellen. Im Gegenzug erhielten sie wohl eine gewisse politische Unabhängigkeit.

Kroisos verrechnet sich

Der Wind drehte sich gegen Kroisos und das lydische Reich, als König Kyros in der Persis um 550 v. Chr. damit begann, seinen Machtbereich systematisch zu erweitern. Die ersten, die seine auf Expansion angelegte Politik zu spüren bekamen, waren die Elamer, danach die Meder, ein eher lockeres Konglomerat kleiner politischer Gebilde. Astyages hieß der mächtigste Meder-Fürst. Seine Tochter Mandane hatte er mit dem König von Anshan, dem Perser Kambyses, verheiratet und die östlichen Nachbarn so in sein Herrschaftssystem eingebunden. Aus der Verbindung soll Kyros hervorgegangen sein. Als dieser in den 550er Jahren das elamitische Zentrum Susa in die Hand bekommen hatte, wurde er Astyages allmählich ungeheuer. Zudem sympathisierten offensichtlich medische Große mit dem Perser. Astyages führte schließlich ein Heer gegen Kyros, das ihn jedoch im Stich ließ und dem Feind auslieferte. Kyros nahm die Residenzstadt Ekbatana ein und raubte sie aus. Zwei Jahrhunderte war Ekbatana nun einer der wichtigsten persischen Regierungssitze.

Aus Sicht der Griechen handelte es sich hier um einen innermedischen Konflikt am Rande der Welt. Deswegen werden noch bei Herodot die Begriffe »Meder« und »Perser« synonym gebraucht. Kroisos im fernen Sardeis, seiner lydischen Burg, glaubte dagegen begriffen zu haben, was in Zentraliran vor sich ging. Die Meder waren als direkte Konkurrenten ausgeschaltet. Kyros, der junge Perserkönig, würde nach den Kämpfen noch zu schwach sein, seinen Einflussbereich auszudehnen. Jenseits des Flusses Halys gedachte Kroisos daher, das bisherige medische Interessengebiet Kappadokien zu annektieren. Der Lyder war alles andere als ein Narr – immerhin gehörten König Nabonid in Babylon, jetzt der westliche Nachbar des Persers, und der ägyptische Pharao Amasis zu seinem Bündnissystem. Genützt haben ihm beide indes nichts.

Kroisos überschritt mit seinem Heer, in dem auch griechische Truppen dienten, den Fluss Halys und zerstörte damit, ohne es noch zu ahnen, sein eigenes Reich. Bei der Festung Pteria kam es zum Treffen mit den zahlenmäßig weit überlegenen Persern. Nach Herodot endete die Schlacht unentschieden. Kroisos suchte sein Heil dennoch im Rückzug nach Sardeis. Für den Winter entließ er sein Heer, knüpfte diplomatische Kontakte nach Babylon, Ägypten und Sparta und hoffte im nächsten Frühjahr mit frischen Truppen und Unterstützung der Verbündeten die Konfrontation zu seinen Gunsten entscheiden zu können. Leider ging dieses Kalkül nicht auf: Kyros spielte nicht mit. Der Perser entpuppte sich als einer jener Strategen, die stets das Undenkbare denken und ihren Gegnern damit immer einen Schritt voraus sind. So setzte er Kroisos noch im Winter nach, belagerte zwei Wochen lang die Burg von Sardeis und nahm sie schließlich ein. Kroisos hat den Krieg anders als von Herodot dargestellt wohl nicht überlebt.

Kyros zeigte sich nicht nur militärisch und strategisch überlegen, auch diplomatisch hatte er seine Hausaufgaben gemacht. Bevor er Kroisos gegenübertrat, schickte er Boten in die griechischen Städte Kleinasiens. Ihm war klar, dass er die für den Handel mit der Ägäis und dem Schwarzen Meer wichtigen Küstenorte für sich gewinnen musste. Schließlich war es ja sein Ziel, die Handelsstraßen aus dem Inneren Asiens bis zum Ägäischen Meer zu beherrschen. Wir dürfen davon ausgehen, dass

24 +++ Von Kyros bis Xerxes – ein Imperium entsteht +++

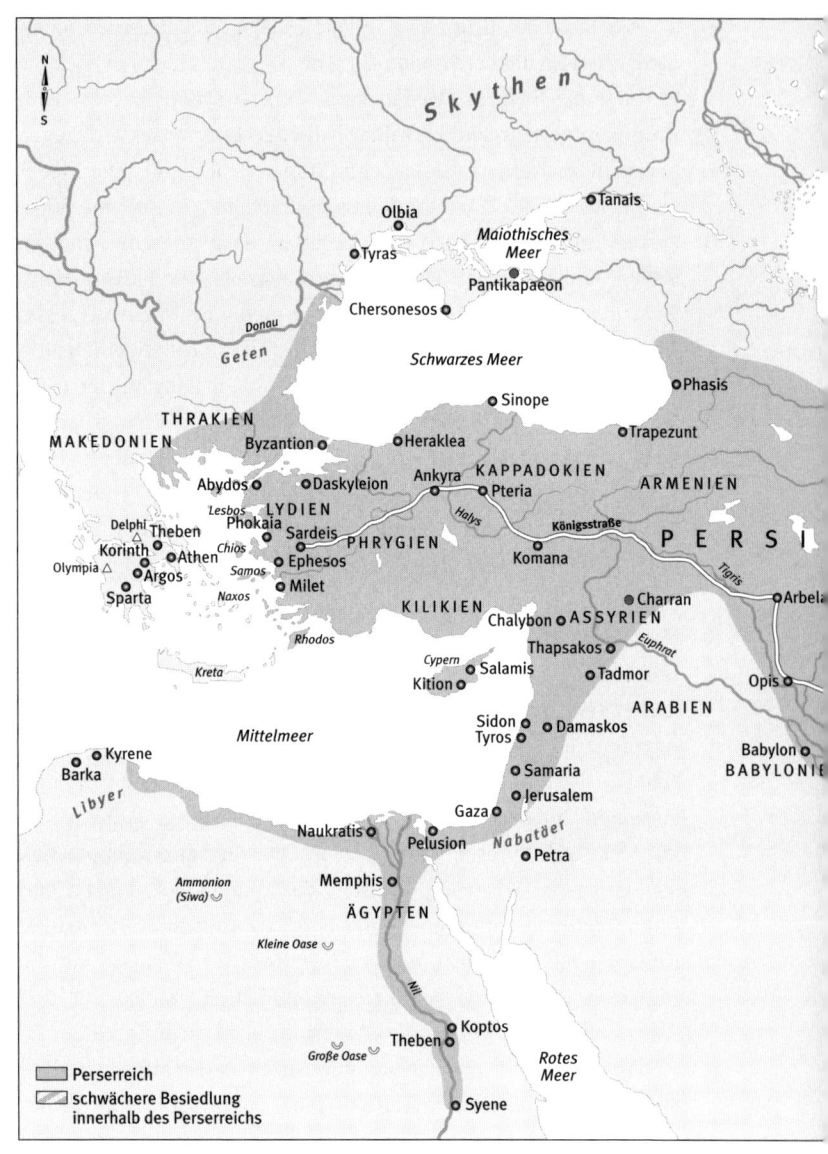

+++ Kyros der Große – Baumeister des ersten Weltreichs der Geschichte +++ **25** +++

Herodot & Co. – zur Quellenlage für die Zeit der Perserkriege

Cicero nannte ihn »Vater der Geschichte«: Herodot hat uns in seinen »Historiai« genannten neun Büchern die erste und einzig erhaltene Gesamtdarstellung der Perserkriege von Kyros' Anfängen bis 479 v. Chr. hinterlassen. Er wurde um 480 v. Chr. zur Zeit der Königin Artemisia in Halikarnassos geboren, einer Stadt an der kleinasiatischen Küste. In seinen Zwanzigern beteiligte sich Herodot an politischen Unruhen in der Heimat, die das Ziel verfolgten, den Tyrannen Lygdamis zu stürzen. Kurzzeitig hielt er sich in Samos im Exil auf. Offenbar veranlasste ihn der Drang, Geschichte und Kultur der damals bekannten Welt zu erforschen, in den 450er Jahren zu ausgedehnten Reisen. Rund vier Monate verbrachte er allein in Ägypten. Entsprechend detailliert fällt sein völkerkundlicher Bericht aus. Danach bereiste er Phönizien und das Herz des Perserreiches, Mesopotamien. Auch bei den Skythen nördlich des Schwarzen Meeres hielt er sich auf. Vor allem aber interessierte ihn die Frage, wie die »Barbaren« mit den Hellenen in Konflikt geraten sind. Unter dieses Generalthema stellte er sein mit »Nachforschungen« betiteltes Werk.

Herodot berichtet voller Sympathie und Antipathie. Wichtigen Entscheidungen liegen bei ihm zumeist persönliche Motive zugrunde – womit er nicht unbedingt falsch liegen muss. Er ergreift eindeutig Partei für Athen als ausschlaggebenden Faktor für den griechischen Sieg über die Perser. Themistokles kommt bei ihm trotz aller Verdienste eher schlecht weg. Zur Zeit des Perikles soll der Historiker in Athen eine Ehrung erhalten haben. Seine wichtigste Quelle ist die mündliche Überlieferung dessen, was inzwischen zur jeweiligen Tradition geronnen war. Herodot bewertet, was ihm erzählt wurde, und bezieht wiederholt Stellung. Außerdem überliefert er, was er selbst gesehen hat, und ist so für uns eine unschätzbare Quelle über längst versunkene Monumente und Traditionen. Das Orakel von Delphi stellt Herodot als Quell der Weisheit nicht in Frage. Er berichtet gern, wie sich dessen Weissagungen und die anderer Orakel notwendigerweise erfüllen mussten. Das hält ihn gleichwohl nicht davon ab zu erzählen, wie die delphische Priesterin sich immer wieder manipulieren ließ. Träumen und Weissagungen gibt Herodot hohen Stellenwert. Die Wiedergabe von Reden und Gesprächen ist weniger der historischen Wahrheit verpflichtet, sie dient ihm vielmehr dazu, die jeweiligen Personen zu charakterisieren. So wird Xerxes als ungerechter, reizbarer und selbst die Götter missachtender Despot dargestellt, der scheitern musste. Herodot siedelte später ins unteritalische Thurioi über, als dessen Bürger er in den 420er Jahren starb.

Schriftliche persische Quellen für die Auseinandersetzungen mit den Griechen haben wir keine. Einige Inschriften des Dareios und des Xerxes beziehen sich auf innere Verhältnisse. Funde von Münzen, Bauwerken und Inschriften ergänzen das Bild. Zur Zeit des Herodot soll auch Charon von Lampsakos ein Werk unter dem Titel »Persika« verfasst haben, ebenso Dionysios von Milet. Davon ist allerdings fast nichts erhalten. Die Tragödie »Persai« (»Die Perser«) des Aischylos aus dem Jahr 472 v. Chr. ist die den Ereignissen zeitlich am nächsten stehende Quelle. Sie schildert die Seeschlacht bei Salamis, die Aischylos möglicherweise selbst miterlebt hat. Zwanzig Jahre zuvor hatte Phrynichos die Einnahme Milets durch die Perser in Athen auf die Bühne gebracht. Weitere wichtige Quellen für die Perserkriege neben Thukydides (ca. 455 – ca. 400 v. Chr.): Diodoros aus Sizilien, der im 1. Jahrhundert v. Chr. eine Universalgeschichte in vierzig Bänden veröffentlichte, wofür er zahllose heute verlorene frühere Historiker auswertete; Plutarch aus Chaironeia (ca. 45 – ca. 120 n. Chr.), Verfasser zahlreicher Parallelbiographien, in denen er jeweils einem großen Griechen einen herausragenden Römer gegenüberstellte. Für die Perserkriege interessant sind die Biographien von Themistokles, Aristeides und Kimon.

Der gute König Kyros oder Die Herrschaftstechnik der ersten Weltmacht

Aischylos bescheinigt Kyros in seiner Tragödie »Die Perser«, er habe Frieden über alle Völker gebracht. Freilich brauchte der Dichter einen Hintergrund, vor dem der aktuelle König Xerxes besonders schlecht aussah. Aber auch Herodot zeichnete mit an dem Bild des charismatischen Führers, großen Eroberers und guten Hirten. Kyros verlangte maßvollen Tribut, politische Unterordnung und im Kriegsfall Truppenstellung. Dafür wurden die Gebiete in einen weitgehend einheitlichen Wirtschafts- und Rechtsraum mit gemeinsamer Bürokratie eingegliedert. Innenpolitisch änderte sich nicht allzu viel – die sozialen und wirtschaftlichen Strukturen wurden in der Regel nicht angetastet. Dies entsprach der Herrschaftstechnik des Kyros: Nutzung der regionalen Potenziale durch weitgehende Anpassung an lokale Traditionen. Religiöse Kulte blieben ebenso erhalten wie die jeweiligen Sprachen. Kooperation mit den Bewohnern stand an erster Stelle, solange sie die persischen Bedingungen akzeptierten. Ent-sprechend unterschiedlich fielen die Vasallenverträge aus. Das Lydien des Kroisos wird zur Satrapie herabgestuft, Kilikien dagegen behält sein halbautonomes Königtum. In Babylon lässt sich Kyros in Personalunion zum legitimen König krönen, ebenso wie sein Sohn Kambyses sich später in Ägypten in die Reihe der Pharaonen stellt (XXVII. Dynastie).

Kyros konnte grausam sein, skrupellos in der Kriegsführung und maßlos in seiner Rache. Dennoch stand sein Bild als wohlwollender Vater des Vielvölkerreiches nicht in Frage. Seine Herrschaft stiftete in dem neuen, binnen kürzester Zeit errichteten Reich eine Identität. Die Strategie der Anpassung eröffnete ihm die Möglichkeit, aus den eroberten Gebieten den größtmöglichen wirtschaftlichen Nutzen zu ziehen. So konnten die ionischen Städte ebenso wie die Lyder weiterhin ungehindert ihre eigenen Münzen prägen. Später schuf Dareios, angelehnt an den lydischen Standard, die erste eigene persische Münze, den Dareikos der Perser nicht nur Folterinstrumente auf den Tisch legte, sondern auch konkrete Angebote für die künftige Gestaltung der Beziehungen machte.

Wie sollten die Griechen reagieren? Auf der einen Seite hatten sie sich mit Kroisos arrangiert. Die herrschenden Schichten verdankten ihm ihre Stellung. Er garantierte ihnen wirtschaftliche und politische Stabilität. Kroisos war sozusagen die Realität. Was, wenn er Kyros zurückschlägt? Die Griechen entschieden sich für ein politisches Fahren auf Sicht. Sie kamen Kroisos einerseits nicht zu Hilfe, wiesen aber andererseits das Ansinnen Kyros', zu ihm überzulaufen und sich gegen Kroisos zu erheben, zurück. Mit einer bedeutenden Ausnahme: Milet. Die Stadt verhielt sich Kyros gegenüber wohlwollend neutral.

Neues Zeitalter für die Griechen Kleinasiens

Kyros hatte Lydien zwar erobert und das Königshaus des Kroisos getilgt, doch der neue starke Mann Asiens war sehr daran interessiert, bestehende soziale, wirtschaftliche und politische Strukturen zu erhalten, solange sie ihm nützten. Sein Grundsatz lautete: Stabilität unter Anerkennung der persischen Oberhoheit geht vor Zerstörung und Repression. Freilich ging er nicht so weit, die selbstbewusst vorgetragenen Ansprüche der Ionier und Aioler ernst zu nehmen: Sie verlangten doch von Kyros tatsächlich, in dieselben Rechte eingesetzt zu werden wie unter Kroisos' Herrschaft. Der König wusste nicht, ob er lachen oder weinen sollte. Nach Herodot antwortete er mit einer Fabel: Ein Fischer blies zu den Fischen im Meer mit der Flöte und hieß sie, zu ihm aufs Land zu kommen. Als sie dies nicht taten, griff er zu einem großen Netz und fing die Fische damit ein. Als sie so im Netz zappelten, sagte er: »Hört jetzt nur auf zu tanzen. Als ich euch die Flöte blies, dass ihr tanzen solltet, da wolltet ihr nicht.«

In Sardeis setzte Kyros offenbar bedenkenlos den lydischen Beamten Paktyas als Schatzmeister ein, während ein Perser als Satrap – politisch-militärisches Oberhaupt – den König vertrat. Zu dessen Leidwesen entpuppte sich Paktyas aber als illoyal. Kaum war Kyros in Richtung Syrien und Babylon abmarschiert, zum nächsten Feldzug, da »wiegelte Paktyas das lydische Volk gegen Kyros auf«, berichtet Herodot, wandte sich auch an die Griechenstädte an der Küste und verteilte das Gold des Kroisos großzügig. Eine ansehnliche Zahl von Söldnern scheint sich der Rebellion angeschlossen zu haben, unter ihnen viele Griechen, die ja ihre Felle davonschwimmen sahen. Jedenfalls reichte es dazu, den persischen Statthalter in der Burg einzuschließen. Kyros' Reaktion kam prompt und schmerzhaft. Er schickte Mazares mit einem Heer nach Sardeis zurück. Mazares vertrieb den Aufrührer und bestrafte zunächst die Lyder: »Sie mussten ihre ganze Tracht und Lebensweise ändern« (Herodot). Dann nahm er Rache an allen Städten, die Paktyas unterstützt hatten. Dabei fiel zuerst Priene – viele Einwohner büßten ihr widerspenstiges Verhalten mit Sklaverei. Die Phokaier und Tëier gaben ihre Städte im letzten Augenblick auf und suchten ihr Heil auf den Schiffen. Stadt für Stadt eroberte Mazares und nach dessen Tod der Meder Harpagos. Dabei kam ihnen die Kleinstaaterei der Griechen zupass – keine Polis kam einer anderen zu Hilfe. Keiner der durchaus vorhandenen Aufrufe zu gemeinsamem Vorgehen – angeblich auch von dem berühmten Naturforscher Thales aus Milet geäußert – drang durch die jeweiligen Stadtmauern. Auch die meisten Inseln ergaben sich dem neuen starken Mann. Zwei Dinge erkannten die Perser damals: Die Griechen lassen sich mit Geld kaufen, und eine einheitliche griechische Front ist nicht zu befürchten. Für die Griechen Kleinasiens begann jetzt ein neues Zeitalter.

Auf dem Weg zur Weltmacht

Milet hatte sich aus allen Konflikten herausgehalten und damit seine Handelsbeziehungen wie auch den halbautonomen politischen Status gerettet. Anders als bei den Nachbarn wurde in Milet kein ausgesprochener Perserfreund als Regent eingesetzt – die Griechen nannten sie bald »Tyrannen« –, wenn auch eine perserfeindliche Einstellung unmöglich war. Freilich musste die Stadt wie alle anderen Poleis Tribut leisten und im Kriegsfall Truppen stellen. Doch die Forderungen der Perser scheinen die Griechen finanziell nicht ernsthaft belastet zu haben. Herodot spricht von »Geschenken«

(*dora*), die Kyros von ihnen erwartete. Erst Athen führte später, als es zur Seemacht aufgestiegen war, den von Kroisos her bekannten *phoros* wieder ein. Die Aufmerksamkeit des Perserkönigs richtete sich derweil nach Osten. Während des Waffengangs gen Lydien war es ihm bereits gelungen, das Königreich Kilikien zu annektieren. Damit und mit der Eroberung der Griechenstädte kontrollierte der Perser jetzt alle Handelsstraßen zwischen Ägäis und Schwarzmeerraum. Nur das neubabylonische Reich von König Nabonid und Ägypten standen noch dem Ziel im Wege, ganz Asien zu einem persisch beherrschten Wirtschaftsraum zu machen.

Am 23. Oktober 539 v. Chr. hatte Kyros das erste Hindernis aus dem Weg geräumt. Er zog, als Retter gefeiert, in Babylon ein. Erneut hatte er sich mit einer Mischung aus Diplomatie und brutaler Gewalt durchgesetzt. In den 530er Jahren stieß Kyros noch weit nach Osten und Norden vor. Genaue Daten sind nicht überliefert. Bei seinem Tod 529 hinterließ er ein Reich, das von Pakistan im Osten bis zur Ägäis im Westen reichte, von Palästina im Süden bis Usbekistan im Norden. Dort, im Kampf gegen die Massageten, soll er gestorben sein. Kyros' Leichnam wurde in die von ihm aufgebaute Residenz Pasargadai überführt. Das Grabmal ist noch heute zu sehen.

Kyros' Sohn und Nachfolger Kambyses II. vollendete das Programm des Vaters. Mit Ägypten fiel 525 v. Chr. das letzte verbliebene Großreich unter persische Oberhoheit. Doch Kambyses starb bereits drei Jahre später in Syrien, auf dem Rückweg nach Hause. Ein Usurpator war aufgetreten und hatte im Verbund mit wichtigen Stammesfürsten den König für abgesetzt erklärt. Der aufwendige und von immer neuen Rückschlägen begleitete Ägypten-Feldzug hatte die Perser offenbar finanziell und militärisch überfordert. Der Widersacher punktete jedenfalls mit dem Versprechen eines Steuermoratoriums und einer befristeten Befreiung von der Heeresfolge. Es blieb dem Spross einer Nebenlinie des Königshauses vorbehalten, den Usurpator mithilfe einiger Getreuer zu ermorden und den Thron für sich selbst zu beanspruchen. Mit Dareios I. betritt nun jener Perserkönig die Bühne, der als erster seine Hand nach Europa ausstreckte.

Das griechische Mutterland am Ende des 6. Jahrhunderts

Die griechische Staatenwelt zur Zeit Dareios' I. war ein Flickenteppich von rund 1500 Stadtstaaten zwischen Schwarzem Meer (Pontos) und Unteritalien. Diese verband neben der gemeinsamen Sprache und Mythologie vor allem eines: die politische Uneinigkeit.

Sparta

Größere Machtblöcke im Sinne einer Territorialherrschaft gab es so gut wie nicht. Einzige Ausnahme war der Peloponnesische Bund. Hinter dem hochtrabenden Titel stand der Militärstaat Sparta als Vormacht mit den Bündnispartnern Mantineia, Orchomenos, Korinth, Megara und der Insel Aigina im Saronischen Golf. Im Kriegsfall mussten die Partner zwei Drittel ihrer Streitmacht stellen. Doch mit dieser Verpflichtung nahmen es die Waffenbrüder nicht immer so genau, wie wir noch sehen werden.

Die Spartaner hatten sich ihren Ruf als stärkste Militärmacht Griechenlands im 7. Jahrhundert erworben. Hier wurde zum ersten Mal die Hoplitenphalanx eingesetzt. Diese furchterregende Schlachtreihe Schwerbewaffneter, die aus vermögenden Ackerbürgern besteht, löst den ritterlichen Einzelkämpfer ab, der sich vor allem aus dem Adel rekrutierte. Hoplit ist, wer sich die Ausrüstung leisten kann: den Rundschild mit Bronzeplatte, den bronzebeschlagenen Lederharnisch, die bronzenen Beinschienen, die fast drei Meter lange Lanze mit eiserner Spitze und das Kurzschwert für den Nahkampf. Die Disziplin der spartanischen Phalanx hält die Nachbarn in sklavischer Abhängigkeit: Die Masse der lakedaimonischen Bevölkerung, die Heloten, steht unter dem Joch Spartas. Ihre Abgaben bilden die ökonomische Grundlage des Herrschervolkes. Dieses rechnet ständig mit Aufständen und stellt daher die Kampfkraft in den Mittelpunkt des Staatswesens. Nur selten sind die Spartaner dazu zu bewegen, ihre Grenzen zu überschreiten oder gar im Interesse einer übergeordneten Idee zu intervenieren.

Diese Erfahrung machten zum Beispiel die Ionier und Aioler. Sie baten in Sparta um Beistand, als Kyros Kroisos besiegt hatte und sich anschickte, die unwilligen Griechen zu bestrafen. Laut Herodot hörten die Spartaner die Boten zwar an, schickten sie dann aber unverrichteter Dinge weg. Schließlich überlegten sie es sich noch einmal und rafften sich zu einer symbolischen Geste auf: »Sie schickten etliche Männer auf einem Fünfzigruderer aus, wahrscheinlich um auszukundschaften, wie es mit der Macht des Kyros und der Ionier stünde«, mutmaßt Herodot. Ein gewisser Lakrines trat dann in Sardeis mit dem Selbstbewusstsein des unbezwingbaren Kriegers vor Kyros hin und warnte den König »im Namen der Lakedaimonier, dass er sich nicht unterstehen solle, eine hellenische Stadt anzutasten; sie würden das nicht dulden«. Gesetzt den Fall, die Anekdote ist historisch, dann wäre dies für Kyros schon der zweite Anlass gewesen, an der Fähigkeit der Griechen zur nüchternen Einschätzung der Realität zu zweifeln. Im Übrigen betrachteten schon die Zeitgenossen den spartanischen Auftritt als Kriegserklärung an die Perser. Herodot lässt den König sagen: »Sie sollen noch zu reden bekommen, aber nicht von den Nöten der Ionier, sondern von ihren eigenen.«

Knapp fünfzig Jahre später, während des ionischen Aufstands, hätten die Lakedaimonier ihr Versprechen einlösen können. Aristagoras aus Milet, der Aufrührer persönlich, erschien in Sparta und bat um Hilfe. Doch nicht einmal um viel Geld ließen sich die Krieger von der Peloponnes für dieses Unternehmen gewinnen. König Kleomenes fragte Aristagoras, wie viele Tagesreisen es von der ionischen Küste bis zum König in Susa seien, denn der Ionier hatte die Eroberung des ganzen Perserreiches in Aussicht gestellt, quasi als Spaziergang. Die wahrheitsgemäße Antwort – neunzig Tagesreisen – lieferte Kleomenes dann den Vorwand, Aristagoras hinauszuwerfen.

Athen

Das Staatsgebiet Athens umfasst die gesamte Halbinsel Attika. Trotzdem kann nicht von einer Territorialmacht Athen gesprochen werden. Während des 6. Jahrhunderts ist die Polis sehr stark

Die Isonomie – Athens Entwicklung zur Demokratie

Nach dem Ende der Tyrannis befand sich Athen in einer prekären Situation: Einerseits war die Rechtsordnung, wie sie Solon fast achtzig Jahre zuvor eingerichtet hatte, nicht abgeschafft worden, andererseits entbehrte sie inzwischen ihrer entscheidenden Grundlage, der Vorherrschaft des Adels im politischen Aufbau des Staates. Am gefährlichsten erwies sich jedoch die Tatsache, dass Athen über keine funktionierende Wehrverfassung mehr verfügte. Den wiederholten Überfällen der Nachbarn war die Stadt nahezu hilflos ausgeliefert. Kleisthenes machte sich nun daran, Abhilfe zu schaffen. Die nach ihm benannte Reform wehrte die Versuche seines Gegners Isagoras, die alte Adelsherrschaft wieder aufzurichten, endgültig ab. Gleichzeitig schuf sie die Voraussetzung für die Gleichstellung der Bürger, worunter vor allem die drei ersten Zensusklassen zu verstehen sind, die allein Kriegsdienst leisteten. Schon die Zeitgenossen bezeichneten dies als *Isonomia*, gleiche Verteilung. Mittel zum Zweck war eine neue, auf territorialen Prinzipien beruhende Einteilung der Bürgerschaft. Zehn neue Phylen setzten sich zu jeweils einem Drittel aus Stadtbewohnern, Einwohnern des Binnenlandes und solchen der attischen Küste zusammen. Die traditionell gegnerischen Kräfte Attikas mit ihren unterschiedlichen wirtschaftlichen und politischen Interessen hoben sich so gegeneinander auf. Jede der zehn Phylen schickte fünfzig Männer in den Rat der Fünfhundert, der geschäftsführenden »Regierung« Athens.

Die kleisthenische Phylenordnung bestimmte auch das Heerwesen neu: Jede Phyle stellte ein Regiment, an der Spitze ein Stratege. Die Strategen wurden von der Volksversammlung gewählt. Die zunächst noch wichtigsten Beamten waren die Archonten, neun an der Zahl. Der erste gab dem Jahr den Namen – der Xerxes-Zug fand statt in dem Jahr, »in dem Kalliades Archont in Athen war«, die einzige konkrete Jahresangabe des Herodot – und leitete die laufenden Staatsgeschäfte. Die anderen waren für kultische, finanzielle und juristische Fragen zuständig. Zu ihnen gehörte der Polemarch, der noch bei Marathon den militärischen Oberbefehl hatte. Themistokles bekleidete das Archontat 493/92. Damals wurde mit dem Ausbau des Piräus zum Kriegshafen begonnen. Aristeides, der Gegenspieler des Themistokles, war 489/88 Archont. In den 480er Jahren jedoch schwand die Bedeutung der Archonten, da die Ämter seit 487/86 unter einer Vielzahl von Kandidaten verlost wurden. In dem Maße, in dem das Archontat entwertet wurde, stieg die Bedeutung der Strategen.

Zeitgleich machten die Athener zum ersten Mal von dem Instrument des Ostrakismos, des Scherbengerichts, Gebrauch. Angeblich schon von Kleisthenes eingeführt, greift die Bürgerschaft erst 487 zu dieser wirksamen innenpolitischen Waffe. Über zwanzig Jahre nach dem Sturz der Tyrannen trifft es als ersten einen Peisistratiden namens Hipparchos, der für zehn Jahre außer Landes gehen muss – ohne Einbuße an Ansehen und Vermögen. Im Jahr darauf ist ein Neffe des Kleisthenes an der Reihe, drei Jahre später Aristeides. Zu Beginn der zweiten Hälfte des Amtsjahres, also im Januar, wurde die Volksversammlung gefragt, ob in diesem Jahr ein Ostrakismos stattfinden solle. Fiel die Antwort positiv aus, stimmten die Athener in einer späteren Versammlung mit Hilfe von Tonscherben, *ostraka*, in die ein Name eingeritzt wurde, darüber ab, wen sie in die Verbannung schicken wollten. Mindestens sechstausend Bürger mussten sich beteiligen. Die einfache Mehrheit entschied. Mehr als elftausend beschriftete Tonscherben wurden inzwischen von Archäologen gefunden. Auf den ältesten ist der Name Themistokles besonders häufig zu lesen.

Die Isonomie entwickelte sich bald zum politischen Kampfbegriff. Er wurde gegen echte Tyrannen eingesetzt und gegen Gouverneure von Dareios' Gnaden. Nach Ansicht von Herodot war es gerade die Gleichheit der Bürger, die Athen stark machte.

mit sich selbst beschäftigt. Bis 510 halten fast ein halbes Jahrhundert lang die Tyrannen aus der Familie des Peisistratos das Zepter in der Hand. Selbst nach ihrem Sturz bestimmen sie indirekt mit über die Entwicklung ihrer Heimat – als Verbündete und Ratgeber des Perserkönigs nämlich. Anders als Sparta lassen sich die Athener durchaus in die persische Außenpolitik verstricken. Gemeinsame wirtschaftliche und strategische Interessen am Hellespont führen immer wieder zu Reibungen.

Unter Peisistratos nahm der attische Seehandel einen bedeutenden Aufschwung. Schwarzfigurige Vasen und andere Keramikerzeugnisse des 6. Jahrhunderts aus Attika wurden von Ägypten bis Tarent in Unteritalien gefunden. Der Tyrann, dessen Herrschaft auf Gewalt beruhte, schaffte zwar das von Solon eingeführte Recht der Selbstbestimmung ab und brach die Macht des alten Adels, förderte aber den handwerklichen Mittelstand und suchte ein ehrgeiziges – und teures – Bauprogramm zu verwirklichen: Die Zerstörung der Akropolis durch Xerxes 480 v. Chr. traf in erster Linie die peisistratidischen Werke. Zu seinem Schutz hielt sich Peisistratos eine Söldnertruppe aus Thrakern und Makedonen, bezahlt aus den reichlichen privaten Mitteln, die ihm aus Goldminen im thrakischen Pangaion-Gebirge zuflossen. Ein athenisches Interessengebiet von größter Bedeutung war der Hellespont, die Meerenge zwischen Europa und Asien, die ins Marmarameer (Propontis) führt. Für Athen waren die Weizenlieferungen aus Südrussland überlebenswichtig. Peisistratos gelang es, die Stadt Sigeion am südlichen Ausgang des Hellesponts auf kleinasiatischer Seite unter athenische Oberhoheit zu bringen. Auf der europäischen Seite kolonisierte der athenische Adelige Miltiades d. Ä. mit dem Segen des Peisistratos die thrakische Chersonesos, die heutige Halbinsel Gallipoli. Der Hellespont war also seit Mitte des 6. Jahrhunderts unter athenischer Kontrolle.

Mit »göttlicher« Hilfe und handfestem militärischen Beistand durch Sparta gelang es einer Gruppe um den Adeligen Kleisthenes im Jahr 510 v. Chr. schließlich, den letzten Tyrannen hinauszuwerfen und mittelfristig ein neues politisches System zu etablieren: die Isonomie, gleiches Recht für die gleichen Klassen. Kleisthenes hatte im Exil das delphische Orakel so lange mit Geld bestochen, bis dessen Priesterin Pythia den Spartanern ein ums andere Mal auftrug, Athen zu befreien. Die Mischung aus Geld und Gewalt hatte sich wieder einmal bewährt. König Kleomenes schaffte es mit seinem Heerhaufen aus der Peloponnes, Peisistratos' Sohn Hippias zu vertreiben. Hippias zog sich auf den Familienbesitz nach Sigeion zurück, das inzwischen Teil des Perserreiches geworden war, und betrieb von dort aus als Vasall des Dareios seine Rückkehr. Beinahe wäre ihm diese schon kurz darauf gelungen. Kleisthenes hatte in Athen auf Grundlage der Isonomie eine Reform der Staatsverfassung durchgesetzt, die auf starke Widerstände stieß. Dieses Mal riefen die Kleisthenes-Gegner innerhalb der traditionellen Adelsfamilien die Spartaner unter Kleomenes zu Hilfe. Doch das Rad der Geschichte ließ sich nicht mehr zurückdrehen. Kleomenes wurde von den Athener Bürgern auf der Akropolis eingeschlossen und zum Rückzug gezwungen, seine athenischen Helfershelfer wurden hingerichtet. Kleisthenes und die Isonomie hatten auf ganzer Linie gesiegt. Oder doch nicht?

Sicherheitshalber schickt der Rat der Fünfhundert jetzt Gesandte nach Sardeis zur regionalen Groß- und Schutzmacht. Sie sollen ein Bündnis abschließen, denn die »Athener hielten es für sicher, dass es nun mit den Lakedaimoniern und Kleomenes zum Kriege kommen würde« (Herodot). Der ganze Peloponnesische Bund gegen das militärisch schwache Athen? Eine aussichtslose Position. Von den griechischen Nachbarn ist keine Hilfe zu erwarten. Die meisten pflegen gute Beziehungen zur Familie des Peisistratos. Ausgerechnet der persische Satrap Artaphernes soll also die Sicherheit Athens gewährleisten – derselbe, dem der Ex-Tyrann Hippias seit Jahren in den Ohren liegt, er möge ihn jenseits der Ägäis wieder als Regenten einsetzen. Mit dem Hilfeersuchen Athens bietet sich Artaphernes, dem Halbbruder des Dareios, eine ebenso unverhoffte wie einmalige Chance. Endlich ist der Weg aufs griechische Festland offen – und zwar von zwei Seiten, denn im Norden ist Makedonien bereits für den Großkönig gesichert. König Amyntas hatte zum Zeichen seiner Unterwerfung Erde und Wasser überreicht und seine Tochter mit einem Perser verheiratet. Im Gegenzug behielt er sein Amt. Nach dem gescheiterten Skythen-Feldzug hatten Dareios' Generäle außerdem die thrakische Küste unter ihre Kontrolle gebracht, vor allem auch die reichen Goldminen im Pangaion-Gebirge. Bosporus und Hellespont stehen inzwischen ebenfalls weitgehend unter persischer Kuratel. Athen wird auch deswegen zu ihm gekommen sein, denkt sich Artaphernes vermutlich: Es sucht Sicherheit für seinen Getreidenachschub. Außerdem stehen im Schwarzmeerraum die Absatzmärkte für Wein, Öl und Tonwaren auf dem Spiel. Ein Bündnis allerdings kommt für den Perser nicht in Frage – von gleich zu gleich wird hier nicht verhandelt. Artaphernes verlangt Erde und Wasser – und damit nicht weniger als die Aufgabe der politischen Freiheit.

»Die Gesandten«, so erzählte man Herodot drei Generationen später, »nahmen in ihrem Eifer, das Bündnis zu schließen, die Verantwortung auf sich und sagten es zu.« Was hätten sie auch tun sollen? Zurück in Athen, verweigert die Volksversammlung allerdings ihre Zustimmung. Athen ist damit aus Sicht des Dareios ein wortbrüchiger Vasall. Mit Strafe ist zu rechnen.

Der Angriff des Peloponnesischen Bundes erledigte sich dann fast von selbst. Kurz vor der entscheidenden Schlacht räumten zuerst die Korinther das Feld. Der Krieg sei ungerecht, sagten sie und kehrten heim. Ihnen folgte Demaratos mit seinem Kontingent, neben Kleomenes der zweite König Spartas. Angesichts der beispiellosen Uneinigkeit der beiden spartanischen Heerführer hatten auch die anderen Bundesgenossen jetzt keine Lust mehr. Stell' dir vor, es ist Krieg und keiner geht hin – der Heereszug löste sich einfach auf. Nur die Kampfverbände aus Boiotien und von Chalkis auf Euboia hatten das nicht mitbekommen und sahen ihre Chance gekommen. Gegen beide wandten sich die Athener nun mit aller Macht und schlugen sie vernichtend. Die Gefangenen brachten ein hohes Lösegeld. Auf dem Territorium von Chalkis siedelte Athen viertausend Kolonisten an. Der Kampf um die innere und äußere Freiheit hatte der Stadt mehr Macht und Respekt verschafft, als sie jemals zuvor gehabt hatte. In der Nachbetrachtung fand schon Herodot den Grund dafür in der Gleichheit aller Bürger: »Als Untertanen und Unterdrückte im Dienst eines Herrn waren sie absichtlich träge und unlustig im

Kampf, während sie jetzt als Freigewordene eifrig zu ihrem Nutzen arbeiteten.«

Und die persische Bedrohung? Sie war keineswegs gewichen, sondern sehr real. Hippias probierte es diesmal über Sparta. Er öffnete König Kleomenes die Augen über die seinerzeitige Bestechung der Pythia und hoffte so, die Peloponnesier bei der Ehre zu packen. Kleomenes hätte sich wohl zu einem neuen Kriegszug hinreißen lassen, doch die Bundesgenossen, allen voran die Korinther, verweigerten sich entschieden: Die Tyrannis, sagten sie, ist das schlimmste Übel für eine Polis. Das wüssten sie aus eigener Erfahrung. Deswegen würden sie keinem Tyrann zurück zur Macht verhelfen. Enttäuscht wandte sich Hippias wieder an Artaphernes, und der scheint auch wirklich Anstalten gemacht zu haben, Athen zu drohen: Wenn es vor Unheil verschont bleiben wollte, sollte es den Hippias wieder aufnehmen. Doch die Athener wollten davon nichts wissen. Sie zeigten damit, schreibt Herodot, »dass sie zu offenem Krieg mit den Persern entschlossen waren«. Und dieser Fall sollte früher eintreten, als von beiden Seiten gedacht.

Griechen-Poleis im Perserreich – ökonomische Blüte, politisches Joch

Als Nachfolger seiner großen Vorgänger Kyros und Kambyses stand Dareios in der Pflicht, die Grenzen des Reiches zu sichern und möglichst auszudehnen. Dies umso mehr, als der neue König nach der Niederschlagung Dutzender lokaler Aufstände dringend nicht nur eine ideologische, sondern auch eine militärische Legitimation für seinen Herrschaftsanspruch benötigte. In der berühmten Felsinschrift von Bisutun, die elamisch, babylonisch und altpersisch abgefasst ist, legt Dareios ausführlich Rechenschaft ab über seinen erfolgreichen Kampf gegen die inneren Feinde. Er betont die – konstruierte – genealogische Rechtmäßigkeit seiner Thronfolge und rühmt sich des erhaltenen göttlichen Beistands. Auf dem Relief steht Dareios gut sichtbar mit dem Bogen in der

Hand hoch über einer alten Karawanenstraße, stellt den Fuß auf den besiegten »Lügenkönig« und richtet über eine Gruppe von in Fesseln gelegten Rebellen, die ihm mit Strick um den Hals zugeführt werden – eine beeindruckende Machtdemonstration.

Der Skythenzug

Dareios ist der erste asiatische Herrscher, der seinen Fuß nach Europa setzt. 513 v. Chr. versucht er die nomadischen Skythen, die auf beiden Seiten des Schwarzen Meers immer wieder Beutezüge in persisches Einflussgebiet unternahmen, im Westen in den Griff zu kriegen. Gemessen an seinem Ziel, die Skythen ein für alle Mal zu besiegen, gerät der Feldzug zu einem nicht vorgesehenen Fehlschlag. Der Gegner zieht sich einfach immer weiter in die lebensfeindliche ukrainische Steppe zurück und hungert das persische Heer regelrecht aus. Dareios kapituliert schließlich und kehrt um. Das Skythen-Abenteuer liest sich im Nachhinein wie eine Blaupause für den ebenfalls gescheiterten Feldzug des Xerxes gegen Griechenland 480/79 v. Chr.: Der Großkönig rückt mit einer kaum bezwingbaren Heeresmacht aus allen Stämmen seines Riesenreiches an, unterstützt von einer riesigen, angeblich sechshundert Schiffe umfassenden Flotte. Mandrokles aus Samos konstruiert eine anderthalb Kilometer lange Schiffsbrücke über den Bosporus, Xerxes lässt sogar eine doppelte Schiffsbrücke über den Hellespont bauen. Auch die Donau wird mit Hilfe einer neuen Brücke überwunden. Doch trotz nie da gewesener logistischer Leistungen wird das Ziel verfehlt. Die Meerenge erweist sich als zu großes Hindernis für ausreichenden Nachschub. Trotz Erkundungsfahrten und akribischer technischer Vorbereitung – die Strategie der schieren militärischen und zahlenmäßigen Überlegenheit, wie sie in Asien stets zum Erfolg führte, hatte die ortskundigen Gegner fernab des eigenen Machtbereichs offenbar nicht in Betracht gezogen.

Doch anders als später sein Sohn in Griechenland geht Dareios mit seinem Unternehmen sozusagen nicht leer aus. Eine der wichtigsten Entscheidungen: An der thrakischen Küste, am Unterlauf des Flusses Hebros, wird das stark befestigte Fort Doriskos gegründet. Jahrzehntelang bleibt es eine persische Bastion. Als Befehlshaber lässt Dareios den Megabazos in Europa zurück. Der Auftrag: Sicherung und Unterwerfung des Gebietes rund um den Hellespont. Nach wenigen Jahren haben Megabazos und sein Nachfolger Otanes die Aufgabe bravourös gelöst: Bis zur Grenze zu Makedonien sind die Städte an der Küste Thrakiens tributpflichtig. Die Gold- und Silberminen im Pangaion-Gebirge können nur noch unter Aufsicht der Perser ausgebeutet werden. Die Städte am Hellespont von Byzantion bis Lamponeia wurden bekriegt und mit perserfreundlichen Regenten dienstbar gemacht. Makedonien hat Erde und Wasser gereicht, die widerspenstigen Paionen sind nach Phrygien deportiert. Auftrag ausgeführt! Nur die Skythen hören nicht auf, das Land mit Raubzügen zu überziehen ...

Wirtschaftlicher Aufschwung im Zeichen der Pax Persica

Der Satrapie Sardeis maß Dareios offensichtlich hohe Bedeutung bei. Zum Satrapen ernannte er nämlich seinen Halbbruder Artaphernes. Mit ihm und einer Handvoll weiterer Getreuer hatte er den blutigen Palastkampf um den Achaimeniden-Thron ausgefochten. Eine Satrapie funktionierte wie eine verkleinerte Form des ganzen Reiches: Der Statthalter stützte sich auf lokale und persische Beamte, er befehligte eigene Truppen, konnte aber Unterstützung durch das Reichsheer anfordern. Wichtigste Aufgabe: Der Satrap trieb den Tribut ein und sorgte für Ruhe an der politischen Front.

Die ionischen und aiolischen Griechen an der Küste Kleinasiens profitieren wirtschaftlich vom persisch garantierten Frieden. Gerade zwischen Ionien und dem frisch unterworfenen Thrakien nimmt der Handel zu. Was auch immer zwischen dem thrakischen Abdera und Phönizien, zwischen Olbia, Sinope oder anderen Städten am Pontos und Zypern hin- und hergeschippert wird, ob Weizen, Rinder, Früchte, Fisch oder Gold und Silber – es muss in einem ionischen Hafen gegen Gebühr umgeschlagen werden. Den ionischen Kaufleuten bieten die eroberten Gebiete obendrein neue Absatzmärkte. Piraterie und lokale Fehden, gerade unter den rivalisierenden ionischen Städten und Inseln weit verbreitet, gehen zurück, der Wohlstand der Städte nimmt zu. Neue Münzprägestätten entstehen. Dareios übernimmt als erster persischer König die Geldwirtschaft. Sein Dareikos basiert auf dem milesischen Standard. Er zeigt Dareios als Krieger-König mit Bogen in der Hand. Die einheitliche Währung schafft zusätzlich wirtschaftliche Stabilität. Schiffsbau und Flottenrüstung, eine Kernkompetenz griechischer Küstenstädte, bescheren die ständige Auslastung der Werften und Manufakturen.

Griechisches Wissen und hellenische Kunstfertigkeit wurden schon seit Kyros für repräsentative und militärische Zwecke in Anspruch genommen. Ionische Bildhauer schufen in den Gartenparadiesen von Kyros' Residenz Pasargadai Säulen, Skulpturen und Reliefs. Kambyses holte die Künstler nach Persepolis, Dareios auch nach Susa, zum Beispiel den Architekten Telephanes aus Phokaia. Für ihre einzigartigen Brückenbauten über Bosporus und Hellespont wählen Dareios und Xerxes selbstverständlich griechische Ingenieure. Mandrokles aus Samos wurde von Kyros reichlich entlohnt. Er ließ sich von einem Teil seines Honorars voller Stolz ein Bild malen, das er dem örtlichen Hera-Tempel weihte. Es zeigt den Großkönig, wie er sein Heer beim Überschreiten des Bosporus auf Mandrokles' Schiffsbrücke betrachtet.

Griechen im persischen Heer

Am Dienst im Reichsheer führte für die unterworfenen Griechen kein Weg vorbei. Politische Abhängigkeit, Heeresfolge und Tribut waren die aus griechischer Sicht schlechte Seite der Medaille. Wirtschaftliche Prosperität und allgemeiner Landfriede wurden dagegen gern hingenommen. Herodot zählt mehr als ein Dutzend Stadtfürsten griechischer Herkunft auf, die mit einem Kontingent im Sold des Dareios am Zug gegen die Skythen teilnahmen. Nicht im Landheer freilich, sondern als Führer der Flotte. Als Seefahrer spielten die kleinasiatischen Griechen auch unter Xerxes noch eine herausragende Rolle. Beim Feldzug in die ukrainische Steppe fällt die Bilanz in den Augen des Königs gemischt aus. Dareios bediente sich der Flotte zwar als Transportmittel – auch durften die Griechen zwei Tage stromaufwärts eine Brücke über die Donau errichten, um dem Heer den Übergang zu ermöglichen –, in die Kämpfe eingreifen ließ der Perser die Ionier, Aioler und Hellespontier jedoch nicht. Sie mussten zurückbleiben und die Brücke bewachen. Diese allein garantierte den Rückzug, ob siegreich oder geschlagen. Die Griechen waren sich dessen bewusst. Von den Skythen zum Abbruch der Brücke aufgefordert, diskutieren sie ihre Möglichkeiten – so jedenfalls berichtet Herodot achtzig Jahre danach.

Zwei Linien zeichnen sich ab: Miltiades d. J., Potentat der thrakischen Chersonesos mit athenischer Herkunft, plädiert dafür, die Brücke abzubrechen »und Ionien von den Persern zu befreien«. Sofort stimmen ihm die meisten anderen zu. Es mag freilich sein, dass Herodot hier seiner proathenischen Grundhaltung aufgesessen ist. Dann aber nimmt sich Histiaios aus Milet das Wort. Er erinnert seine Kollegen an ein nicht unwichtiges Detail, nämlich: »Dass jeder in seiner Stadt als Tyrann regiert, verdanken wir allein Dareios.« Würde dessen Macht gebrochen, wäre es um die schönen Regentschaften geschehen, denn in diesem Falle würde »das Volk« die Perserfreunde vertreiben. Das überzeugt. Dareios gelingt der unrühmliche Rückzug, die Stadtfürsten behalten ihre Pfründe. Histiaios wird sogar mit der thrakischen Stadt Myrkinos am goldreichen Pangaion belohnt. Einige Städte rund um den Bosporus hatten sich in der Zwischenzeit allerdings eine andere Meinung gebildet. Byzantion etwa war der Auffassung, die Schiffsbrücke des Mandrokles zerstören und sich für unabhängig erklären zu können. Die Unabhängigkeit währt indes nicht lange: Byzantion macht schon bald die insgesamt betrübliche Bekanntschaft mit Otanes und seinen Truppen. Das grundsätzliche Misstrauen in die Bündnistreue der Hellenen zieht sich wie ein roter Faden durch die nächsten Jahrzehnte der gemeinsamen persisch-griechischen Geschichte. Gerade auch während Xerxes' Zug aufs griechische Festland bezogen beide Seiten diesen Aspekt aktiv in ihre Kriegsführung ein.

Der Ionische Aufstand – die unmögliche Rebellion

Die Rebellion der ionischen Städte Kleinasiens um die Wende zum 5. Jahrhundert und in ihrem Gefolge der Abfall weiterer Landstriche von Thrakien über die Aiolis und Karien bis nach Zypern gefährdeten die persische Grenze an einer empfindlichen Stelle. Aus ökonomischer Sicht brach neben den Tributleistungen ein anderer wichtiger Pfeiler weg: die regelmäßigen Einkünfte aus dem Handel zwischen Griechenland und dem Pontos auf der einen, Phönizien und Zentralasien auf der anderen Seite. Militärisch drohte der Verlust der mühsam und teuer aufgebauten Vorherrschaft der Perser zur See im östlichen Mittelmeer. Das nächste Ziel persischer Expansion, die Eingliederung Griechenlands, rückte in weite Ferne. Entsprechend fiel die Reaktion des Dareios auf die Unbotmäßigkeiten seiner Vasallen aus.

Die Rolle Milets

Die geographische Lage Milets könnte nicht günstiger sein: an der Spitze einer Halbinsel, an der Einfahrt in den Golf von Milet, der in der Mündung des Mäander endet, umgeben von vier natürlichen Hafenbecken, Station aller wichtigen Seehandelsrouten, Verbindung zu den großen Seehäfen von Zypern, Kilikien und Phönizien. Milet nutzte seine besondere Situation weidlich zum eigenen politischen und militärischen Vorteil aus. Die Stadt behielt dank der überragenden Einkünfte aus dem Hafen über den Herrschaftswechsel von den Lydern zu den Persern hinweg ihre Halbautonomie. Jahrzehntelang wurde Milet von einer oligarchischen Großgrundbesitzer-Clique geführt, die ihre Geschäfte im Sinne von Kyros, Kambyses und Dareios besorgte. Um 520 machte Dareios die Stadt zum Flottenstützpunkt. Von Milet aus patrouillierten die persisch geführten Kriegsschiffe entlang der kleinasiatischen Küstenlinie, hielten die Inseln Samos, Chios und Lesbos in Schach und sorgten in der Nordägäis und am Hellespont für Ruhe. Histiaios, Regent von Dareios' Gnaden, führte während des Skythen-Abenteuers den Oberbefehl über das griechische Flottenkontingent. Doch bald darauf holt Dareios Histiaios als Berater an den Hof in Susa. Die Nachfolge in Milet tritt Aristagoras an, Cousin und Schwiegersohn des Histiaios, ein Garant des Status quo. Entscheidend unterstützt wird seine Regentschaft durch die Priester des nahegelegenen Apollon-Heiligtums von Didyma.

Herodot bezeichnet Milet als »die Zierde Ioniens«. Um das Jahr 500 allerdings ist die Stadt ökonomisch anscheinend ins Hintertreffen geraten. Ein Jahrzehnt zuvor war in Italien mit der Zerstörung des verbündeten Sybaris durch Kroton ein wichtiger Absatzmarkt verloren gegangen. Wahrscheinlich machte Milet auch der Aufschwung der thrakischen Küstenstädte zu schaffen. Die befreundeten Großgrundbesitzer von der Kykladeninsel Naxos, die als vom Volk vertriebene Oligarchen plötzlich vor Aristagoras standen und um dessen militärischen Beistand baten, müssen ihm geradezu wie ein Geschenk des Apollon vorgekommen sein. Verbanden sich hier doch aufs Erfreulichste die wirtschaftlichen Interessen Milets mit den militärischen Zielen des Großkönigs. Und genau so trug Aristagoras dem Satrapen Artaphernes die Sache Herodot zufolge auch vor: Naxos und die von ihm abhängigen Inseln Paros und Andros sind reich an Gold und Sklaven und liegen nahe bei Ionien. Mit ein wenig Mühe kann dazu noch Euboia gewonnen werden. Für die Kriegskosten kommt Milet auf, abgesehen von rund einhundert Schiffen, die der Perser stellen müsste. Kurzum: So billig kommt Dareios nie wieder in eine so günstige Lage, wenn er das griechische Festland erobern will. Artaphernes beißt sofort an. Zur Sicherheit holt er jedoch das Plazet des Großkönigs ein und stellt Aristagoras dann neben »einem gewaltigen Heerhaufen aus Persern und Bundesgenossen« sogar zweihundert Schiffe unter dem Befehl seines Cousins Megabates zur Verfügung. Das Verhängnis nimmt seinen Lauf, sobald die Flotte von Milet abgesegelt ist.

Zuerst untergräbt Aristagoras durch eigenmächtige Entscheidungen die Befehlsgewalt des persischen Generals, dann wird den Naxiern die bevorstehende Invasion verraten, und sie bereiten sich in aller Ruhe auf die Belagerung vor. Nach vier Monaten ist auf Seiten der Belagerer alles Geld aufgebraucht – sie machen kehrt. Eine Blamage erster Güte für die Perser, vor allem aber eine gefährliche Situation für Aristagoras, dessen schöne Versprechungen sich in Luft aufgelöst hatten. In seiner Not greift er zum Äußersten: Unter dem Deckmantel der Isonomie ruft er in ganz Ionien zum Befreiungskampf gegen das persische Joch auf. Mit riesigem Erfolg. Offenbar hatte die Idee der »gleichen Rechte« inzwischen Karriere gemacht. Es könnte freilich auch sein, dass die phönizische Handelskonkurrenz den Ioniern im östlichen Mittelmeer das Leben schwer machte und sie auch deswegen die persischen Fesseln abschütteln wollten. Fast alle ionischen Städte jedenfalls kündigen die Tributzahlungen auf, beenden die Heeresfolge, rufen die Isonomie aus und stürzen ihre »Tyrannen«. An ihre Stelle treten vom Volk gewählte »Strategen«. In Milet nimmt Aristagoras die Rolle praktischerweise gleich selbst wahr. Seine erste Großtat: In einem Überraschungscoup beraubt er die Perser ihrer Flotte. Damit steht die Weltmacht im östlichen Mittelmeer praktisch nackt da. Aber es kommt noch schlimmer.

Athen greift in den Konflikt ein

Auf der Suche nach einem starken Kampfgenossen erinnert sich Aristagoras der völkerrechtlichen Realitäten: Sowohl die Spartaner, die seinerzeit Kyros vor den Kopf stießen, als auch die Athener, die ihre Bündnisverpflichtungen nicht einhalten wollten, stehen mit »dem Meder« recht besehen im Krieg. Also nutzt der Milesier den Winter 500/499 oder das Jahr darauf zu einer Bettelreise ins Mutterland. Denn den Kampf gegen Dareios' Reichsheer können die Aufständischen unmöglich allein durchstehen – nicht finanziell, angesichts der traditionellen Uneinigkeit aber auch nicht militärisch. In Sparta blitzt Aristagoras allerdings ab. Dort hat man andere Sorgen. Der feindliche Nachbar Argos liegt näher als das ferne Sardeis oder gar Susa am Ende der Welt. Die Bürger Athens dagegen finden Gefallen an der Vorstellung, dem Meder aufs Haupt zu schlagen. Der jüngst errungene regionale Machtzuwachs flößt ihnen Selbstvertrauen ein. Die Perser schlagen heißt, den immer noch drohenden Hippias aus Sigeion vertreiben und die Kontrolle über die Seewege am Hellespont zurückerobern zu können. Hatte nicht erst jüngst Artaphernes selbst den Athenern mit Hippias' Rückführung gedroht? Athen sagt »Ja!« zur Waffenhilfe.

Ebenfalls Gehör findet Aristagoras in Eretria auf Euboia. Die Eretrier sind den Milesiern aufgrund früheren Beistands gegen Chalkis noch einen Gefallen schuldig. Sie schicken fünf Kriegsschiffe über die Ägäis, Athen sogar deren zwanzig. Nahe Ephesos stoßen die ionischen Aufrührer dazu. Gemeinsam ziehen sie nach Sardeis und brennen die Stadt einschließlich eines Tempels der Kybele nieder. Der erste Blutdurst ist gestillt, doch erweist sich das Unternehmen schnell als Pyrrhussieg. Artaphernes kann sich in der Burg halten und sogar Entsatz vom Reichsheer ordern. Die Griechen ziehen sich an die Küste zurück. Bei Ephesos werden sie von den Persern eingeholt und geschlagen. Athen wird die Geschichte jetzt zu heiß: Es zieht seine Soldaten zurück. In den Folgejahren scheint Athen sogar versucht zu haben, bei Dareios Abbitte zu leisten: Von 497 bis 495 wählte die Volksversammlung ausgewiesene Peisistratiden zu Archonten. Die Appeasement-Politik, wenn es denn eine solche war, verfing jedoch in Susa nicht.

Das Imperium schlägt zurück

Mit Athens Rückzug sind die asiatischen Verwandten wieder auf sich allein gestellt. Zunächst eilen sie noch von Erfolg zu Erfolg. Die Region um den Hellespont schließt sich ebenso dem Aufstand an wie das südlich von Ionien gelegene Karien. Sogar die meisten Städte Zyperns wollen die Perser nun loswerden. Aus Sicht des Dareios droht ein Flächenbrand. Die systematische Rückeroberung zieht sich über Jahre hin und kostet viel Geld. Der Großkönig beauftragt Angehörige seiner Familie mit den wichtigsten Kommandos – ein typischer Charakterzug der Achaimeniden. Zwischen Hellespont und Karien wird Stadt für Stadt belagert, erobert, bestraft. Herodot schreibt, General Daurises habe »jeden Tag eine andere Stadt« eingenommen. Im östlichen Mittelmeer lässt Dareios eine neue Flottenmacht aufbauen. Ägypter, Phönizier und Kilikier sind es, die für ihn den wichtigen Stützpunkt Zypern erkämpfen. In der Zwischenzeit wird Milet belagert, kann sich aber dank des offenen Hafens noch einige Jahre halten. Aristagoras freilich sucht das Weite. Seine Zeit ist abgelaufen. Er zieht sich nach Myrkinos zurück und wird dort beim Versuch, eine thrakische Stadt anzugreifen, erschlagen. Die Milesier wollen aber auch von Histiaios, dem früheren Tyrannen, nichts mehr wissen, als er sich ihnen plötzlich wieder andient. Er fristet sein Dasein daraufhin noch einige Jahre als Freibeuter in den Dardanellen. Der Aufstand, unter Vorspiegelung falscher Tatsachen inszeniert, wird nun tatsächlich von den Bürgern getragen. Sie sind nicht mehr bereit, ohne Not hinter den Grundsatz der Selbstverwaltung und der gleichen Rechte zurückzufallen – eine Einstellung, der später zum Erstaunen aller Beteiligten sogar Dareios Rechnung trägt.

Fünf Jahre nach dem Beginn der Erhebung, 494 v. Chr., wird die Belastbarkeit des griechischen Behauptungswillens in Asien militärisch wie politisch schließlich auf die Probe gestellt. Die Perser ändern ihre Taktik: Nicht mehr Stadt für Stadt wird erobert, vielmehr ziehen sie ihre Heeresmacht zusammen und planen die Einnahme des belagerten Milet von Land und See her. Damit wäre der Aufstand quasi enthauptet. Auf der Halbinsel Mykale gegenüber von Samos setzen sich daraufhin die Griechen im Tempel des Poseidon zum panionischen Rat zusammen und debattieren ihre Situation. Den Kampf zu Land geben sie auf – zu viele Niederlagen, zu hohe Verluste sind zu befürchten. Doch zur See fühlen sie sich noch immer mindestens ebenbürtig. Mit über 350 Schiffen – das Gros aus Chios, Milet, Lesbos und Samos – nehmen sie den Kampf auf oder tun jedenfalls so. Wie weiland Kyros vor der Einnahme von Sardeis versuchen die Perser auch jetzt wieder, den sprichwörtlichen griechischen Partikularismus anzustacheln. Sie schicken die vertriebenen Tyrannen vor und lassen ausrichten, dass Wohlverhalten belohnt, Widerstand aber brutal bestraft werde. Zunächst bleibt die Resonanz aus. Doch kaum beginnt die Seeschlacht vor der Insel Lade bei Milet, da setzen die meisten Schiffe aus Samos die Segel und fahren nach Hause. Die Lesbier folgen »und desgleichen auch die Mehrzahl der Ionier«, wie Herodot voll Bitterkeit anfügt. Damit ist die Schlacht verloren, und um Milet ist es geschehen. Es kann der Belagerung nicht mehr lange standhalten. Wie angekündigt wird die Stadt zerstört, die Vertreter der Volksherrschaft werden an den unteren Tigris deportiert.

Als Vergeltung für die Zerstörung des Kybele-Tempels in Sardeis lässt Dareios das reiche Apollo-Heiligtum von Didyma plündern und niederbrennen. Die Stadt Milet besteht weiter, wird sich aber nie mehr von diesem Schlag erholen. An ihre Stelle als privilegiertes Wirtschaftszentrum tritt Samos.

Mardonios sorgt für eine Überraschung

Wer geglaubt hatte, die Rache des Dareios werde fürchterlich, konnte sich schon bald bestätigt sehen. Einerseits. Was der Perserkönig einmal in der Hand hat, gibt er aller Erfahrung nach nicht mehr her. Andererseits reagierte der »König aller Länder«, als der er sich bezeichnete, ausgesprochen flexibel auf die neuen politischen Bedürfnisse seiner griechischen Untertanen. Während sich die phönizisch beherrschte Flotte auf den Weg machte, die europäische Seite des Hellesponts gewaltsam an die Pflichten gegenüber Dareios zu erinnern, versammelte der Satrap Artaphernes die Ionier bei sich in Sardeis und verordnete ihnen wie ein Vater seiner zänkischen Kinderschar gutnachbarliche Beziehungen. Alle Städte müssen untereinander Friedensverträge abschließen, von Artaphernes diktiert. Gleichzeitig wird die Grundlage des Tributs neu geordnet: Maßgebend ist jetzt die Grundfläche der Polis, nicht mehr ihre Wirtschaftskraft. Zu diesem Zweck wird das Land neu vermessen. Herodot lobt diese Maßnahmen: »Das trug zum Frieden in Ionien bei.« Für die größte Überraschung sorgte allerdings im Jahre 492 v. Chr. des Königs Schwiegersohn Mardonios. Buchstäblich en passant, nämlich auf dem Weg von Kilikien zum Feldzug nach Thrakien, setzt Dareios' neuer Hoffnungsträger die »Tyrannen« genannten Regenten in den ionischen Städten ab und gewährt letzteren begrenzte Selbstverwaltung im Rahmen der Vasallenverträge. Dareios trug damit dem Zeitgeist Rechnung. Im Gegenzug erwartete er Wohlverhalten. Wer den Beherrscher Asiens, Ägyptens, Indiens und bald auch Europas als obersten Lehnsherrn anerkennt, der darf seine inneren Angelegenheiten weitgehend selbst regeln. Kein Pardon kann hingegen erwarten, wer seine Vasallenpflichten nicht erfüllt, sich an Überfällen auf persisches Eigentum beteiligt und die diplomatischen Offensiven des Königs ignoriert. Insofern wies gerade Athen ein beeindruckendes Sündenregister in den königlichen Akten zu Susa auf, und es wurde Zeit, die Stadt dafür zur Verantwortung zu ziehen.

Ob besagter Zug des Mardonios schon als Strafexpedition gegen Athen und Eretria gedacht war, wie offiziell behauptet, jedoch bereits von Herodot bezweifelt wurde, muss offen bleiben. Mardonios jedenfalls führte das nach dem Skythenfeldzug zweite große Land- und Seeunternehmen des persischen Weltreichs an. Noch gilt es die Trümmer des ionischen Aufstands zu beseitigen und im einstigen Machtbereich wieder für klare Verhältnisse zu sorgen. So gelingt es Mardonios, die unsicheren Kantonisten Thrakien und Makedonien vollständig wiedereinzugliedern. Mit Eion am Strymon an der makedonischen Grenze baut er die neben Doriskos zweite starke Reichsfestung in Europa aus. Der direkte Einfluss Persiens reicht jetzt bis zum Olymp ins griechische Mutterland hinein. Der indirekte sogar noch weiter, denn die herrschenden Adelshäuser Thessaliens gleich hinter dem Olymp pflegen freundschaftliche Beziehungen zu Dareios: Nicht weil er ein so netter Gesprächspartner ist, sondern weil die persische Schutzmacht die adelige Herrschaft vor einem »demokratischen« Umsturz schützt. Mardonios ist für dieses Mal allerdings kein weiteres Glück auf dem Balkan beschieden. Partisanen aus dem wilden Volk der Bryger rupfen sein Heer, verletzen ihn gar selbst. Und am Ende sorgt ein schwerer Sturm am Berg Athos, der östlichsten Halbinsel der Chalkidike, für den Untergang von Hunderten von Schiffen und den Tod Tausender von Seeleuten. Auf Jahre hinaus hören wir nichts mehr von Mardonios. Erst unter Xerxes taucht er wieder auf dem griechischen Radar auf: als Befehlshaber des Heeres, das gegen Hellas zieht.

Die Strafexpedition des Datis

Trotz des Rückschlags in der nördlichen Ägäis gibt Dareios sein Ziel nicht auf, ganz Hellas von sich abhängig zu machen. Noch spricht alles für ihn: die Heeresmacht, die Geldreserven, der bis ins Herz von Griechenland reichende diplomatische Einfluss. Mittelfristig könnten sich die kleinen Stadtstaaten am Rande des persischen Weltreichs ohnehin nicht als selbstständige Einheiten halten. Und für den Garanten der Pax Persica ist es wichtig, an dieser handelspolitisch sensiblen Flanke endlich Ruhe zu haben. Abgesehen davon müssen Naxos für seinen Widerstand gegen Megabates, Eretria und Athen für ihre Beteiligung an der Zerstörung von Sardeis bestraft werden. 491 v. Chr. startet Dareios eine neue Offensive.

Er weist die Küstenstädte an, Truppentransporter und Fahrzeuge zum Transport von Pferden zu bauen. Die am Athos dezimierte Kriegsflotte wird am kilikischen Stützpunkt Pedias aufgefüllt. Gleichzeitig, so berichtet Herodot, habe der Großkönig jede einzelne Polis in der Ägäis und auf dem Festland per Sendboten unter Druck gesetzt: Entweder ihr seid für mich, dann überreicht ihr Erde und Wasser zum Zeichen der Unterwerfung, oder ihr stellt euch gegen mich und müsst die Folgen tragen. Ob nun historisch oder nicht: Der Vorwurf, zu »medisieren«, es also mit den Medern zu halten (*medismos*), machte alsbald als politisches Instrument Karriere. Die griechische Welt ließ sich damit in Schwarz und Weiß aufteilen. Ganz allmählich sickerte der Gedanke, sich mit einer persischen Invasion auseinandersetzen zu müssen, in die Köpfe der Hellenen. Was nicht bedeutet, dass automatisch die richtigen Konsequenzen gezogen wurden. Athen und Sparta sollen die persischen Boten sogar umgebracht haben wie gemeine Verbrecher – schwere Vergehen, die geradezu nach Vergeltung riefen. Aigina hat angeblich »medisiert«: Sofort geht Athen auf den seemächtigen Rivalen los. Ein Konflikt, der das nächste Jahrzehnt beherrscht und den athenischen Flottenbau beschleunigt – Grundvoraussetzung für den Ausgang der Seeschlacht bei Salamis.

Von Pedias aus setzt sich die Strafexpedition im Frühjahr 490 in Bewegung, angeführt von Datis, einem verdienten medischen Heerführer, und von Artaphernes, Neffe des Dareios und Sohn des gleichnamigen Satrapen. Die vielen Pferde in den Transportern machen zahlreiche Zwischenstopps notwendig. Außerdem muss Platz freigehalten werden für die erwarteten Sklaven. Herodot spricht von sechshundert Trieren. Damit ließen sich gut 25 000 Soldaten transportieren. Jedoch: Schon gegen die Skythen sollen sechshundert Trieren ausgefahren sein. Und auch vor Lade trat die persische Flotte mit genau sechshundert Trieren an. Die Zahl Sechshundert spielt in der Antike eine ähnliche Rolle wie bei uns das Zahlwort tausend, es bedeutet schlicht: sehr viele. Genaues weiß man nicht.

Mit sehr vielen Kriegsschiffen also laufen Datis und Artaphernes Naxos an. Die meisten Einwohner flüchten, der Rest wird niedergemacht, die Stadt zerstört. Auf den umliegenden Inseln rekrutieren die Perser weitere Soldaten, indem sie Angehörige als Geiseln nehmen. Das kostet Zeit und weiteren Platz in den Schiffen. Auf Delos betreibt Datis Imagepflege und huldigt demonstrativ dem Apollo: Seht her, wir sind keine Unmenschen! Sie ziehen weiter gegen Euboia. Erstes Opfer wird die Stadt Karystos. Deren Einwohner hatten sich geweigert, gegen andere griechische Städte in den Krieg zu ziehen – für Griechen eine bemerkenswerte Haltung, wenn auch völlig nutzlos, denn die gewaltsame Unterwerfung ist die logische Folge. Inzwischen dürfte ganz Griechenland Bescheid gewusst haben: Die Perser kommen! Doch auf Beistand warten die Angegriffenen vergebens. Eretria sieht das Unglück auf sich zukommen und wendet sich an Athen. Doch jene viertausend athenischen Kolonisten, die eine Generation früher in der Nachbarschaft auf chalkidischem Boden angesiedelt worden waren, suchen das Weite. In Eretria selbst paktiert eine starke oligarchische Partei mit dem Feind. Nach sechs Tagen Belagerung fällt die Stadt durch Verrat. Verräter wie Widerständler kommen nach Asien – die einen mit Pfründen belohnt, die anderen deportiert. Herodot besucht die Deportierten später in Persien und berichtet, dass dort Erdöl gefördert wird: »Das Öl ist schwarz und von üblem Geruch.«

Inzwischen ist es September – die Zeit wird knapp. Bald beginnt das schlechte Wetter, das Meer wird unberechenbar, und das Hauptziel ist noch nicht erreicht: Athen bestrafen und Hippias, den greisen Tyrannen, nach zwanzig Jahren im Exil endlich wieder als Stadtherrn auf der Akropolis einsetzen. Tatsächlich gehört Hippias zum Expeditionskorps. Er rät den Persern zur Landung in der Ebene vor Marathon. Von hier aus hatte sein Vater Peisistratos Athen einst im Sturm genommen – mit tatkräftiger Unterstützung der örtlichen Landbevölkerung. Hofft Hippias, dass sich die Geschichte wiederholt?

Die Schlacht von Marathon

Laut Herodot landeten die Perser deswegen in der Ebene von Marathon, weil dies in Attika für die Reiterei die günstigste Gegend gewesen und das Gelände Eretria am nächsten gelegen sei. Beides ist objektiv falsch. Von Pferden ist in der Darstellung der Schlacht bei Herodot dann auch keine Rede mehr: Entweder sind die Reiter mit ihren Rössern in Eretria geblieben, oder sie konnten aufgrund der Topographie nicht eingesetzt werden – für die Perser in jedem Fall ein Nachteil. Es zeigte sich nämlich, dass sie es an Kampfkraft mit der athenischen Infanterie nicht aufnehmen konnten. Marathon bot aber den Vorteil einer guten Straßenverbindung nach Athen. Dort, in der bedrohten Stadt, setzt sich ein Hoplitenheer in Bewegung und blockiert den direkten Weg nach Athen. Es wird um die neuntausend Köpfe gezählt haben. Gleichzeitig schickt man einen Schnellläufer namens Pheidippides nach Sparta um Hilfe. Er trifft bereits am übernächsten Tag im Herzen der Peloponnes ein. Was er zu hören bekommt, wird ihm nicht gefallen haben. Die Spartaner versichern, sie stünden selbstverständlich den Athenern mit ihrer unbesiegbaren Phalanx zur Seite. Aus religiösen Gründen seien sie allerdings noch einige Tage verhindert – der Krieg müsse warten. Nicht so viele Umstände machen die Verbündeten aus Boiotien: Plataiai kreuzt mit tausend Schwerbewaffneten bei Marathon auf und reiht sich »am Tempel des Herakles«, dessen genaue Lage heute niemand mehr rekonstruieren kann, in die antipersische Front ein. Dann geschieht erst einmal gar nichts.

Die Zeit läuft, doch für wen? Den Persern, fern jeglichem Nachschub, läuft sie davon. Keine der in diesem Sommer unterworfenen Städte wurde dauerhaft besetzt. Offenbar ging es hier nicht um Eroberung, sondern tatsächlich um eine gezielte Strafaktion. Eine Überwinterung in Athen ist also nicht vorgesehen. Der Herbst ist jedoch der Feind der Seefahrer, und jetzt ist schon September. Die Kriegsgefangenen müssen über die Ägäis nach Asien geschifft werden. Ihre Bewachung kostet viel Geld und Personal. Wie lange braucht die propersische Partei in Athen denn noch, die Stadt kampflos auszuliefern? Die Perser werden ungeduldig und marschieren in Schlachtordnung auf das gegnerische Lager zu.

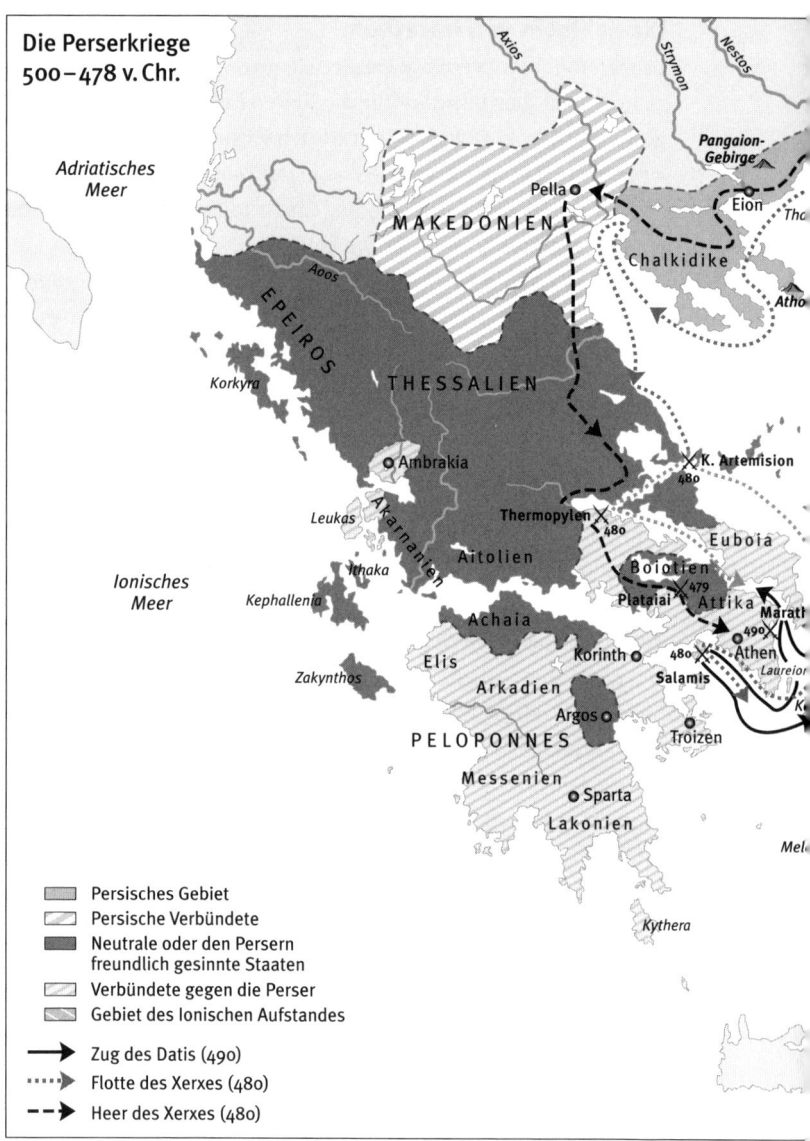

+++ Der Ionische Aufstand – die unmögliche Rebellion +++ **55** +++

Auf athenischer Seite heben die vergangenen Debatten aus der Volksversammlung erneut an, diesmal unter den zehn Heerführern, den Strategen, die sich im Oberkommando abwechseln. Soll man kämpfen? Gegen die kriegserprobte medische Übermacht? Noch keiner der Strategen stand bisher einer so gewaltigen Aufgabe gegenüber. Nachbarschaftsstreitigkeiten mit wenigen Tausend Beteiligten – das war die Schule, durch die sie gegangen waren. Die zehn sind uneins. Miltiades d. J., früherer Tyrann der thrakischen Chersonesos, Kenner des persischen Heeres und seit den Zeiten des Skythenfeldzugs Vasall des Dareios, bis er gewaltsam von dort vertrieben wurde, setzt sich schließlich durch. Schon in der Volksversammlung hatte er den Ausschlag dafür gegeben, den Persern die dreißig Kilometer bis Marathon entgegenzuziehen. Eine Verteidigung der damals noch schwachen Mauern gegen die Könige der Belagerungstechnik erschien ihm zu Recht irrwitzig. Jetzt überzeugt er den Kriegsherrn (Polemarchen) Kallimachos als elften Mann, den Kampf anzunehmen. Er packt ihn bei der Ehre und sagt: »Bei dir liegt es jetzt, ob du die Athener zu Sklaven machen oder sie befreien und dir damit ein Denkmal ewigen Ruhmes setzen willst.« Oder so ähnlich, denn dass Herodot wortgetreu informiert wurde, ist eher zweifelhaft. Wahrscheinlicher ist, dass eine glorifizierende Überlieferung, wachgehalten durch Miltiades' Nachfahren, das eine oder andere Detail hinzufügte.

Zum Beispiel auch dieses: Am zehnten Tag, Miltiades führt gerade das Kommando, haben sich die Spartaner noch immer nicht gezeigt. Der geläuterte Extyrann sucht dennoch die Entscheidung. Er sieht die Schlachtordnung des Gegners im Anmarsch und reiht sein Heer in gleicher Länge auf – stark auf den Flügeln, schwächer in der Mitte. Seine Hopliten im Vrana-Tal sind an den Flanken vom Gelände gut gesichert. Sollten die Perser ihre Pferde einsetzen, hätten sie nicht viel Freude daran. Laut Herodot verließen die schwerbewaffneten Griechen aber ihre gute Deckung und stürmten mehr als anderthalb Kilometer gegen die konsternierten Perser und Saken vor, die letzten zweihundert Meter im Laufschritt unter dem gefürchteten Pfeilhagel hindurch. Abgesehen von der athletisch beeindruckenden, angesichts der schweren Brustpanzer und Beinschienen aber unglaubwürdigen

Leistung: Für die Reiterei wäre es nun ein Leichtes gewesen, in die Reihen der Griechen zu stoßen. Waren die Pferde, falls wirklich im Lager, vielleicht schon wieder auf die Schiffe verladen worden? Das ist nur eines der Rätsel, die uns die unterschiedlichen Schilderungen des Schlachtverlaufs aufgeben. Am Ende entscheiden die starken griechischen Flügel: Die Perser werden zum Meer und in die Sümpfe im nördlichen Teil der Ebene getrieben. In Panik besteigen sie ihre Schiffe. Nur sieben Trieren kann Athen erbeuten. Kynegeiros, Bruder des Dichters Aischylos, lässt sein Leben, als er ein Schiff am Heck festhalten will: Ein persischer Krieger hackt ihm kurzentschlossen den Arm ab. Auch Kallimachos stirbt. Ihm wird ein Denkmal ewigen Ruhms gesetzt.

Doch die Gefahr ist längst nicht gebannt, beendet ist nur ein Gefecht am Strand. Die Perser holen ihre Gefangenen ab und setzen Segel zur Umrundung von Attika. Ihr Ziel heißt Phaleron, Athens Hafen. Noch fühlen sie sich stark genug, die Invasion der Stadt von dort aus zu versuchen. Vielleicht rechnen sie auch immer noch mit der Unterstützung ihrer Freunde in der Stadt. Doch die Athener vereiteln auch diesen Plan. Als die Perserflotte in Phaleron anlegt, steht ihr die Hopliten-Phalanx schon wieder kampfbereit gegenüber. Erst jetzt drehen die Perser endgültig ab. Es dauert zehn Jahre, bis sie wiederkommen – unter ganz anderen Vorzeichen.

Feldzug mit Ansage – Xerxes gegen Griechenland

Zehn Jahre nach Marathon wälzt sich ein gigantischer Heereszug von Asien nach Europa, kämpft sich an den Thermopylen die Bahn frei ins Innere Griechenlands, macht platt, wer sich ihm in den Weg stellt, und nimmt schließlich mit der Akropolis zu Athen das Symbol griechischen Selbstbehauptungswillens in Besitz. Nur wenige Tage und ein entscheidender Militärschlag fehlen noch, dann hat Xerxes, der neue Großkönig aus dem fernen Susa, sein von den Vorvätern ererbtes Ziel erreicht: die vollständige Eingliederung der Ägäis und des griechischen Festlands in den Einflussbereich der persischen Supermacht. Im Alter von etwa vierzig Jahren hätte sich Xerxes damit seines Throns würdig erwiesen. Es kam jedoch anders.

Die persischen Kriegsziele

Rache für Marathon allein wäre ein zu schwaches Motiv dafür gewesen, sich als persischer »König aller Länder« an die Spitze eines gewaltigen Heeres- und Flottenunternehmens zu stellen sowie die Geschäfte in der Heimat und den Schutz der Satrapien für viele Monate anderen zu überlassen. Die Niederlage von 490 tat den Persern zwar weh, und sie mussten in dieser Sache etwas unternehmen, doch der größte Teil der Expedition war ja erfolgreich abgeschlossen worden. Marathon war vielleicht ein Stachel im Fleisch, der aber nicht so tief saß, dass er sofort gezogen werden musste. Marathon entwickelte seine Dynamik vor allem in Griechenland selbst. Es wirkte auf Athen wie Doping auf einen Athleten: Die Stadt pumpte sich mächtig auf. Zwei Tage nach der Schlacht treffen die Spartaner endlich mit zweitausend Soldaten ein: Stolz zeigen die Athener ihnen das Schlachtfeld, die Toten auf beiden Seiten – nur 192 Athener, aber angeblich 6400 Perser. Von gefallenen Plataiern ist keine Rede. Miltiades will den Schwung des Erfolgs nutzen. Mit siebzig Schiffen zieht er im Frühjahr 489 gegen die Insel Paros, angeblich um sie für ihre Beteiligung am Perserzug zu bestrafen. Ein teures Unternehmen, das nach vier Wochen fruchtloser Belagerung scheitert. Die Athener machen ihm dafür den Prozess, brummen ihm eine hohe Geldstrafe auf. Darüber stirbt Miltiades schließlich.

Als im zehnten Jahr nach Marathon der »Meder« zurückkehrt, geht es ihm nicht allein um Rache. Zwar hatte schon Naxos erfahren müssen, dass man in Susa nicht vergisst, und sicher spielte auch der Wunsch nach Vergeltung eine Rolle in Xerxes' Plänen, maßgebend für den Feldzug gegen Griechenland war aber die Idee, Griechenland dem eigenen Reich als Ganzes einzugliedern – mit seiner einzigartigen Handwerkskunst, seiner ökonomischen Potenz und nicht zuletzt wegen seiner militärischen Kampfkraft.

Außerdem gebot Xerxes das Bewusstsein, »König der Könige«, »König der Länder/Völker« zu sein, dass jedes Volk in seinem Radius die persische Oberhoheit anzuerkennen habe. Die Flottenrüstung Athens, vorgeblich gegen Aigina gerichtet, hatte überdies eine aggressiv antipersische Note: Sollten die Athener erst einmal über eine Flotte von relevantem Ausmaß verfügen, würden sie im ägäischen Raum, ja bis hinauf zum Schwarzen Meer zu einer ernsthaften Gefahr für die persische Vormacht. Die anderen griechischen Mittelmächte wie Korinth und Aigina müssten nachziehen – ein Wettrüsten auf Kosten der Perser drohte. Eine gefährliche Entwicklung, die Xerxes nicht zulassen kann. Für wie ernst er die Lage hält und um wie viel es geht, zeigen die aufwendigen Vorbereitungen. Auch ist Xerxes bereit, nach der zeit- und kostenintensiven Niederschlagung des jüngsten Aufstands in Ägypten gleich das nächste Großunternehmen zu starten. Vielleicht gab es sogar eine Absprache mit den Herren des westlichen Mittelmeers, der erstarkenden Großmacht Karthago. Diodoros berichtet: Just im selben Jahr überfielen die Karthager das griechische Sizilien und verhinderten so, dass von dort Hilfe ins Mutterland geschickt werden konnte. Jedoch scheiterte Karthago in Sizilien wie Xerxes in Griechenland.

Spätestens im Jahr 483 v. Chr. beginnen die Vorbereitungen auf die Invasion. Dass schon Dareios, die Nachricht von der Niederlage bei Marathon im Ohr, damit angefangen haben soll, ist Legende. Er stirbt 486 – im selben Jahr eilt sein Sohn und von ihm selbst bestimmter Nachfolger Xerxes ins aufständische Ägypten. Eine erste Bewährungsprobe, die er bravourös besteht. Das reiche Land der Pharaonen wird zur Satrapie unter Xerxes' Bruder Achaimenes herabgestuft – wieder bleibt die Macht in der Familie. Aber nun ist die Zeit gekommen, sich Griechenland mit aller Kraft zuzuwenden.

Die Invasion, die nicht sein darf – der Feind, den es nicht gibt

Ein unbefangener Beobachter, der die griechische Mentalität nicht kennt, dem Begriffe wie Kleinstaaterei oder Isonomie ebenso fremd sind wie der Glaube an Orakelsprüche oder die bindende

Wirkung religiöser Feiertage in Kriegszeiten – ein solcher Beobachter hätte spätestens nach der Mitte des Jahrzehnts erwartet, dass sich die Griechen zusammensetzen und gemeinsam überlegen, wie sie sich am besten gegen den zu erwartenden Ansturm der fremden Großmacht zur Wehr setzen könnten. Nach dem Zeugnis Herodots wussten die Hellenen »schon lange«, was auf sie zukommen würde. Doch sie verschlossen davor einfach die Augen: »Einige hatten dem Perser Erde und Wasser gegeben und waren guten Mutes, es würde ihnen vom Barbaren nichts Schlimmes widerfahren.« Ganz allgemein wollte man »im Volk nichts vom Krieg wissen, sondern stand eher auf der Seite der Perser«. In einer Liedersammlung des Dichters Theognis werden aus Megara vor den Toren Athens folgende Zeilen überliefert: »Zeus möge die Stadt beschirmen und die übrigen Götter, Apollo uns rechte Rede und rechte Gedanken verleihen. Musizieren wollen wir, trinken und plaudern und den Mederkrieg nicht fürchten, das ist besser. Einträchtigen Sinnes, ohne uns zu sorgen, wollen wir frohe Feste feiern und die Nöte des Alters und den Tod uns fernhalten.« Der Mederkrieg als lästige Begleiterscheinung des Alltags. Den Fatalismus nach Kräften genährt und ihm damit die höheren Weihen verliehen hat auch die Pythia in Delphi. Quintessenz ihrer diversen Sprüche: Tod und Vernichtung kommen über euch. Flieht, wenn ihr könnt. Oder haltet euch wenigstens raus. Delphi selbst scheint nach dieser Devise gehandelt zu haben. Die persischen Heerhaufen tasteten das Heiligtum nicht an – als Belohnung für die teuer bezahlten Dienste?

Aber es gab auch andere. Jene, die sich zwar nicht unterwerfen wollten, die aber erkannten, dass »es nicht genug Schiffe in Hellas gab, um den Angriff auszuhalten«. An erster Stelle ist hier Themistokles zu nennen. Als Beweis für sein vorausschauendes Denken gilt bis heute sein Antrag aus dem Jahr 493 – er amtierte zu dieser Zeit als Archon –, den Piräus anstelle von Phaleron zum Kriegshafen auszubauen. Aber konnte Themistokles ein Jahr nach der Einnahme Milets und noch vor der Strafaktion des Mardonios ernsthaft damit rechnen, dass die Perser zur See Rache an Athen nehmen würden? Tatsache ist, dass Athen schon damals und während der gesamten 480er Jahre im Clinch mit der auf See ungleich mächtigeren Insel Aigina lag. Peisistratos war es Jahrzehnte zuvor immerhin gelungen, den Aigineten die Insel Salamis im Saronischen Golf direkt vor der attischen Küste als Stützpunkt abzujagen. Aigina lebte außer von Seeräuberei vor allem vom Handel. Hier wurde das lebenswichtige Getreide aus Naukratis, dem griechischen Handelshafen im Nildelta, umgeschlagen. Über Aigina lief der Export von Schmuck, Parfüm und Salben in alle Welt. Man kaufte in der antiken Welt sprichwörtlich »Aigineia«, um sich zu schmücken und zu pflegen. Die Insel lag nur zwei Stunden Schifffahrt von Athen entfernt. Zwar gehörte Aigina zum Peloponnesischen Bund, doch führte die Insel unter dem Regiment einer vom Adel beherrschten Oligarchie ein selbstbewusstes Eigenleben.

Athen versuchte die demokratische Opposition in Aigina zum Aufstand zu bewegen – vergebens. Für eine Seeschlacht mussten die Athener eigens zwanzig Trieren aus Korinth mieten. Sparta wurde mehrfach als Schutzmacht angerufen; das erste Mal, als die Aigineten den Sendboten des Dareios angeblich Erde und Wasser gereicht hatten. Athen beschuldigte sie, dies aus Feindschaft getan zu haben. König Kleomenes erreichte daraufhin, dass Aigina den Athenern Geiseln stellen musste als Zeichen guten Willens. Und als Themistokles schließlich beantragte, mit den Erlösen aus den neu erschlossenen Silberminen im attischen Laureion-Gebirge eine Kriegsflotte aufzubauen – zunächst mit einhundert Schiffen –, da begründete er dies mit der Gefahr aus Richtung Aigina, denn von einem bevorstehenden Angriff der »Meder« wollte ja keiner etwas hören. »Er drohte ihnen nicht mit dem Schreckgespenst des Dareios und der Perser«, schreibt Plutarch in seiner Biographie, »denn diese waren weit weg, und die Furcht, sie könnten wiederkommen, saß gar nicht tief.« Der »Hass und die Eifersucht gegen die Aigineten« jedoch brannte heiß in den Athenern und ließ sie daher in der Volksversammlung leichten Herzens für Themistokles' Antrag stimmen. Der Beschluss zum Flottenbau fiel im Jahr 483 v. Chr. Athen verschob damit die Gewichte innerhalb der Ägäis zu seinen Gunsten, jedoch zu Lasten der Perser, Korinther und Aigineten. Damit ergab sich auch die Option, die Handelsrouten durch den Hellespont wieder unter Kontrolle zu bekommen.

Xerxes und sein Zug der Superlative

Soldaten aus 47 verschiedenen Völkern zwang der »König aller Länder«, mit ihm über den Hellespont von Asien nach Europa zu ziehen, um Hellas »zu unterjochen« (Thukydides) – vom persischen Elitekämpfer in Schuppenpanzer und Filzmütze bis zum Araber im weißen Burnus, vom skythischen Saken, der Hosen trug, bis zum Paphlagonen mit Helm aus Flechtwerk. Herodot beschreibt Aussehen und Rüstung nahezu jeder einzelnen Ethnie, als hätte er sie selbst gesehen. Kein Zweifel: Noch nie hatte ein derart großes, vielgestaltiges und vielsprachiges Heer den Versuch unternommen, Griechenland zu erobern. Geradezu gigantisch war nicht nur die schiere Zahl an Soldaten und Tieren (Pferde, Kamele, Lasttiere) – nach Herodot ging sie in die Millionen, heute rechnet man mit fünfzig- bis hunderttausend Soldaten –, auch die Ausrüstung suchte ihresgleichen, jedenfalls in Europa. Der Feldzug war in jeder Hinsicht generalstabsmäßig vorbereitet worden: Kriegsschiffe, Lastkähne, allein siebenhundert Trieren und Fünfzigruderer (Pentekonteren) für die Pontonbrücken – das Schiffsbauprogramm muss die Werften von Ägypten über Phönizien bis nach Ionien über Jahre ausgelastet haben. Bis nach Makedonien hinein wurden fünf große Lebensmitteldepots eingerichtet, bemessen nach den täglich benötigten Rationen, unterbrach doch der Hellespont den Nachschub auf dem Landweg. Die Lebensmittelproduktion wurde kriegsbezogen betrieben und finanziert – auf Kosten des einfachen Volkes. Seit dem Jahr 483 v. Chr. gruben Arbeitssklaven am Berg Athos einen rund zwei Kilometer langen Kanal, vier Meter tief und breit genug für zwei nebeneinander fahrende Trieren, das heißt mindestens zwanzig Meter. Nicht noch einmal sollte ein Sturm die parallel zur Küste operierende Flotte gegen die Felsen werfen und vernichten wie zwölf Jahre zuvor. Eine weitere Brücke wurde über den Strymon geschlagen. Brücken und Kanäle waren in der persischen Kriegsmaschinerie bereits mehrfach erprobte Bauleistungen. Selbst die Schiffsbrücke zwischen Asien und Europa war keine originäre Idee des Xerxes, hatte doch schon sein Vater den Bosporus mithilfe griechischer Ingenieurskunst trockenen Fußes überquert. Xerxes ließ den Hellespont zwischen Abydos und Sestos gleich an zwei Stellen überbrücken: 340 bzw. 360 Schiffe wurden zu diesem Zweck raffiniert zusammengebunden. Ein Jahr vor dem geplanten Feldzug reiste der König nach Sardeis und versammelte sein Heer um sich.

Die Griechen geraten unter Druck

Was Xerxes in Sardeis sah, erfüllte ihn mit Stolz und Zuversicht. So groß war sein Optimismus, dass er griechischen Spionen, die entdeckt und gefangen genommen worden waren, ausführlich alle Einzelheiten zeigen ließ. Anschließend schickte er sie in die Heimat zurück – psychologische Kriegsführung, die ihre Wirkung nicht verfehlte. Die Angst vor dem Untergang treibt einen Teil der Hellenen zum Äußersten, jedenfalls für griechische Verhältnisse: Sie beenden ihre Kriege und Fehden, erlauben allen Verbannten die Rückkehr und schließen für die Dauer der Bedrohung von außen einen allgemeinen Landfrieden. Etwa dreißig Stadtstaaten tun sich im Herbst 481 bei einem Kongress am Isthmos von Korinth zu einer Eid- und Kampfgenossenschaft zusammen – eine verschwindende Minderheit. Doch mit den Lakedaimoniern stellen sie die kampfstärksten Hopliten, mit den Athenern, Aigineten und Korinthern die größten Flottenkontingente des griechischen Mutterlandes. Noch ist Zeit, um Unterstützung zu werben. Der Tyrann Gelon von Syrakus wäre ein mächtiger Verbündeter gewesen. Eine diesem feindlich gesinnte Überlieferung berichtet, der Herrscher über Sizilien habe den Oberbefehl über mindestens einen Truppenteil gefordert, Heer oder Flotte. Als ihm beides verwehrt wurde, habe er aus Verärgerung die Hilfszusage zurückgezogen. Eine typisch griechische Geschichte. Wahrscheinlicher ist eine andere Überlieferung: Die Karthager, seit Jahrhunderten mit Stützpunkten auf Sizilien vertreten, hatten unter Hamilkar im gesamten tyrrhenischen, sardischen und ligurischen Raum Truppen ausgehoben und schickten sich an, das Reich des Gelon zu zerschlagen. Womöglich hatten Karthago und Susa sogar eine Absprache über die jeweiligen Interessensphären getroffen. Der eherne Vorhang wäre zwischen Apulien und Griechenland verlaufen. Die Nachrichten über einen solchen Pakt sind aber mit Vorsicht zu genießen. Wie auch immer: Aus Unteritalien kam nur ein einziges

Schiff zur Unterstützung ins Mutterland, nämlich aus Kroton. Die Städte auf Kreta beriefen sich auf einen ungünstigen Orakelspruch aus Delphi. Argos, Nachbar und Erzrivale der Spartaner, stellte unannehmbare Bedingungen und verzog sich dann in den Schmollwinkel. Die verschiedenen Stämme aus Thessalien erwiesen sich als unsichere Kantonisten. Ein Teil, zum Beispiel die adeligen Aleuaden aus Larisa, gab sich offen perserfreundlich, andere hielten nur so lange zur Eidgenossenschaft, wie es die Lage erlaubte. Dann gingen sie zum »Meder« über – angesichts der persischen Streitund der eigenen Ohnmacht gewiss eine vernünftige Entscheidung.

Klägliche Verteidigungsversuche

Wie schwer sich die verbündeten Griechen taten, das dräuende Unheil zu ermessen, zeigt sich an ihrem ersten aktiven Verteidigungsversuch. Mit zehntausend Hopliten – so viele waren bei Marathon dem persischen Expeditionskorps entgegengetreten – zog ein Heer des Hellenischen Bundes durch Thessalien an den Fuß des Olymp. Im Tempetal an der Grenze zu Makedonien wollten sie den Tross des Großkönigs erwarten. Zu ihnen stieß die thessalische Reiterei. Zu dieser Zeit schickte sich Xerxes gerade an, den Hellespont zu überschreiten, es wird also Frühjahr gewesen sein, April oder Mai. Nach wenigen Tagen – die Kunde von den gewaltigen Ausmaßen des Perserheeres eilt diesem voraus – stellen die Griechen schockiert fest: Hier können wir nicht bleiben. Nicht mit diesem Aufgebot, nicht an dieser Stelle. Denn es existiert noch ein anderer Weg durch Makedonien, den die Perser dann auch wirklich nehmen. Damit geben die mutigen Kämpfer gleichzeitig zu: Wir kennen uns in Griechenland, unserer Heimat, außerhalb unserer Stadt- und Landesgrenzen nicht wirklich gut aus. Sie ziehen sich zur Beratung erneut auf den Isthmos zurück. Die Thessaler aber, ohne den Schutz der Verbündeten und im Herzen ohnehin nicht überzeugt von der griechischen Sache, laufen jetzt endgültig zur persischen Seite über. Am Isthmos fällt die Entscheidung, den Vormarsch des Feindes an den Thermopylen, der Engstelle am Eingang nach Zentralgriechenland, so lange wie möglich aufzuhalten. Thessalien ist damit preisgegeben, Schutz gibt es allenfalls noch eine Zeit lang für Lokris, Phokis und Boiotien. Örtlich wie zeitlich parallel zur Thermopylenstellung sollen griechische Schiffe am Kap Artemision die Flotte des Xerxes bekämpfen. Das Gros der Trieren stellen die Athener, die erst seit zwei Jahren über eine nennenswerte Flotte verfügen. Den Ernstfall hatte sie noch nicht erlebt. Der künftige Gegner: Ägypter, Phönizier, Kilikier, Ionier – die anerkannt besten Seefahrer der Welt.

Es dauerte Monate, bis sich der Perserzug durch Thrakien, Makedonien und Thessalien gewälzt hatte. Um die Größenordnung der Operation zu illustrieren, schreibt Herodot von zahlreichen Flüssen, die aufgrund des von Kriegern und Tieren benötigten Wassers versiegt seien, ja geradezu »ausgetrunken« waren. In der Zwischenzeit befragten die einzelnen Poleis ein ums andere Mal das Orakel von Delphi, was zu tun sei. Einmal rät die Pythia den Athenern, sich hinter der »hölzernen Mauer« zu verbergen. »Hölzerne Mauer«? Na klar, sagen die Spruchdeuter, damit ist die Dornenhecke rings um die Akropolis gemeint. Wir sollen uns also auf unsere Burg zurückziehen und dort dem Meder trotzen. Unsinn, meinen daraufhin andere, allen voran Themistokles: Mit der »hölzernen Mauer« kann einzig die Flotte gemeint sein, die auf seine Initiative hin finanziert und gebaut worden war. Über den Sommer stimmt Themistokles seine Landsleute auf ein in dieser Größenordnung beispielloses Wagnis ein: die Evakuierung nicht nur Athens, sondern ganz Attikas – rund hunderttausend Kinder, Frauen, Männer. Auf Schiffen sollen sie in sichere Häfen gebracht werden, bis die Persergefahr vorüber ist. Alle wehrfähigen Männer müssen ans Ruder und unter Waffen. Das ist der Wahnsinn! Athen brodelt, Athen tobt. Aber es hat keine andere Chance. Niemand geringerer als der Sohn des ruhmreichen Miltiades, Held von Marathon, macht mit einer einzigen Geste deutlich, was die Stunde geschlagen hat: Inmitten seiner fröhlichen Gefährten trägt Kimon, bis dahin eher als ein Bruder Leichtfuß bekannt, sein Zaumzeug hinauf zur Burg, weiht es der Stadtgöttin Athena, da, wie Plutarch sagt, »die Stadt im Augenblick nicht ritterlicher Wehrkraft, sondern Kämpfern zur See bedürfe«, nimmt einen Schild von der Wand und »steigt zum Meere hinab, womit er nicht wenigen neuen Mut einflößt«.

Die Doppelschlacht an den Thermopylen und am Kap Artemision

Noch aber stehen die Perser nicht vor Athen, noch keimt Hoffnung. Mitte August 480 v. Chr.: Die Sonne brennt aufs Land, dörrt Äcker und Felder aus, macht Flüsse zu Rinnsalen. Seit dem Einmarsch in die Ebene von Thessalien muss das Heer des Xerxes sich von dem ernähren, was das Land hergibt oder was die Bewohner herzugeben gezwungen werden. Der Tross kommt vor den Thermopylen zum Stehen, am malischen Meerbusen. Zwischen Meer und Felsen ist der Weg an der schmalsten Stelle nur fünfzehn Meter breit, hier stehen die Griechen hinter einer steinernen Mauer. Ihr Befehlshaber ist der Spartanerkönig Leonidas, jüngerer Bruder des Kleomenes. Die Geschichte ist bekannt: Nur dreihundert Spartiaten haben ihn begleitet, dazu rund viertausend Peloponnesier, einige hundert Thespiaier, Lokrer und Phoker aus der Umgebung der Thermopylen sowie vierhundert Thebaner, die aber stark des »Medismos« verdächtig sind. Insgesamt wenig mehr als sechstausend bis an die Zähne bewaffnete Kämpfer. Einmal mehr entschuldigen lässt sich das spartanische Hauptkontingent: Das Fest der Karneen hält die Krieger vom Kriege ab. Die meisten anderen Griechen müssen ebenfalls passen: Sie warten das Ende der Olympischen Spiele (19. August) ab. Der Auftrag des Leonidas wird also gelautet haben: Stellung halten, bis das Hauptheer kommt.

Furcht, Panik und Stürme

In der Zwischenzeit rückt entlang der Küste die asiatische Flotte nach. 1200 Kriegsschiffe, dazu zahllose Transporter und Versorgungskähne. Ihr erstes Ziel ist Sepias an der Südpitze der Halbinsel Magnesia, genau gegenüber der nordöstlichen Spitze Euboias. Zehn Schiffe erkunden zunächst die Route. Bei der Insel Skiathos stoßen sie auf die Vorhut der Griechen. Zwei von drei Trieren und deren Mannschaften fallen ihnen in die Hände. Sofort geben die Wachposten auf den Bergen ringsum Feuerzeichen ins griechische Flottenlager, nicht ohne Folgen: Die Griechen mit ihren knapp dreihundert Schiffen machen in Panik kehrt und fahren den Euripos hinauf, den Kanal zwischen dem Festland und Euboia. Erst in Chalkis fühlen sie sich sicher. Vielleicht haben sie sich aber auch deswegen in ruhigeres Gewässer begeben, weil ein Sturm heraufzog. Die riesige Perserflotte – bis zu acht Schiffe ankerten nebeneinander – soll vor Sepias durch die Gewalt der Natur »nach der geringsten Angabe« (Herodot) um vierhundert Schiffe dezimiert worden sein. Drei Tage wütete der Wind. Ihm fielen wohl auch zahlreiche lebenswichtige Versorgungsschiffe zum Opfer. Am vierten Tag zog man weiter um das Kap herum in den Meerbusen von Pagasai, nach Aphetai. Offensichtlich hatten die Admiräle den Auftrag, nach der Trennung am Olymp wieder Tuchfühlung mit dem Heer aufzunehmen. Feindkontakt war noch nicht vorgesehen. Sandokes, Statthalter des aiolischen Kriegshafens Kyme, dachte sich offenbar nichts Böses, als er in der Nähe des Kap Artemision zu anderen griechischen Trieren aufschloss – nur handelte es sich dabei um die zurückgekehrten Eidgenossen. Sie fingen die fünfzehn Boote des Sandokes flugs ein und nahmen die Besatzung gefangen. Danach zählten sie die vor Aphetai liegenden Schiffe etwas genauer, bekamen es wieder mit der Angst zu tun und sannen erneut auf Flucht.

Xerxes wartet auf den typischen Verrat

Vor den Thermopylen wartete Xerxes erst einmal ab. Er rechnete fest damit, dass die Griechen früher oder später das Feld räumen würden angesichts seiner Übermacht. Oder sie fallen durch Verrat oder Bestechung oder durch beides. Das gab ihm seine Erfahrung ein. Als die seltsamen Krieger in blutroten Tuniken und ehernen Panzern aber auch am fünften Tag noch damit beschäftigt waren, sich aufreizend ihre langen Haare zu kämmen anstatt zum Kampf herauszukommen, da wurde es dem »König der Könige« zu bunt. Er schickte Meder, Kissier und Saken gegen die Thermopylenstellung – vergebens. Sie rannten sich fest, waren den Waffen der Griechen nicht gewachsen, mit ihren geflochtenen Schilden und kurzen Speeren technisch hoffnungslos unterlegen. Den persischen Elitekämpfern, die der König danach an die Front schickte, erging es nicht besser.

Themistokles und das Geld

Während Xerxes an Land auf den besten Moment zum Angriff wartet, hat Themistokles auf See vor Artemision Probleme, den Hellenenbund zusammenzuhalten. Oberbefehlshaber Eurybiades, weder König von Geblüt noch gelernter Admiral, sondern Landratte von spartanischem Schrot und Korn, schwankt zwischen Rückzug und Kampf wie ein Schilfrohr im Wind. Die mutmaßlich nächsten Opfer der persischen Übermacht, die Städte auf Euboia, legen jetzt zusammen und übergeben Themistokles die unvorstellbare Summe von dreißig Talenten. Der Plan geht auf: »Chefathener« Themistokles kauft sich seine Kombattanten. Fünf Talente stimmen den Eurybiades um, drei Talente reichen für Adeimantos aus Korinth, einen weiteren Wortführer. Den Rest hält Themistokles in petto – wer weiß, wozu das Geld noch gut ist. Eigenartigerweise greifen die Meder nicht an. Was die Hellenen nicht wissen: Der Auftrag der persischen Flotte lautet anders: Sie soll das Heer absichern und sich nicht jetzt schon in eine große Schlacht werfen. Herodot gibt die persische Parole mit den Worten wieder: »Nicht einmal ein Feuerträger« der Griechen soll lebend davonkommen. Jetzt, wo noch nicht einmal alle griechischen Schiffe zusammengekommen sind, ist es also noch zu früh für eine große Seeschlacht. Da macht ein Gerücht die Runde: Die Perser hätten zweihundert Schiffe auf den Weg um Euboia geschickt, um den Euripos von Süden her hinaufzufahren und den Griechen so den Rückzug abzuschneiden.

Überraschung – Angriff der Griechen

Jetzt handeln Themistokles und Co.: Noch am Nachmittag fahren sie mit ihrem gesamten Aufgebot gen Aphetai. Die Perser sind überrascht, bemannen in aller Eile so viele Trieren wie möglich – sie hatten nicht mit einem Gefecht gerechnet. Der erste Ernstfall für die verbündeten Griechen, und sie verblüffen ihre Gegner erneut. Sie bilden einen Kreis auf engstem Raum, die Hecks nach innen, stürmen auf ein verabredetes Zeichen nach außen und rammen die feindlichen Trieren. Vergessen wir die überlieferten Zahlen eroberter oder versenkter Schiffe, sie sind nicht zuverlässig. Bei Sonnenuntergang jedenfalls endet das Treffen ohne eindeutigen Vorteil für eine Seite.

In der Nacht soll erneut ein Sturm in den persischen Reihen gewütet haben, während den Griechen heftige Winde offenbar nichts anhaben konnten. Diesmal sollen sogar die zweihundert Trieren, die um Euboia herumgeschickt worden waren, gegen die Klippen geworfen und vernichtet worden sein, wenn es dieses Geschwader überhaupt gegeben hat. Sein Nichterscheinen war mit dem Auftreten der Naturgewalten jedenfalls erklärt. Wieder kommt es am Nachmittag zu einem Seegefecht ohne klaren Sieger. Und auch an den Thermopylen entscheidet sich nichts. Dafür bringt die nächste Nacht den von Xerxes erwarteten Verrat.

Der Weg ist frei

Ephialtes aus Malis, ein Ortsansässiger, zeigt dem persischen General Hydarnes und seiner Garde der »Unsterblichen«, wie sie den Griechen in den Rücken fallen können. Die zum Schutz des Schleichwegs auf der Berghöhe stationierten Griechen lassen sich überrumpeln und fliehen vor den persischen Kriegern. Der Rest ist Geschichte. Leonidas, von Spähern ins Bild gesetzt, entlässt die peloponnesischen Bundesgenossen nach Hause. Mit ihm und den Spartiaten bleiben nur die treuen Thespiaier und die unzuverlässigen Thebaner zurück. Letztere ergeben sich schnell. Die anderen werden unerbittlich niedergemacht, der Leichnam des Leonidas wird geschändet. Xerxes lässt den Kopf vom Rumpf trennen und steckt ihn auf einen Pfahl wie eine Trophäe. Als die Griechen vor Artemision am Abend nach dem dritten unentschiedenen Seegefecht vom Ausgang der Schlacht bei den Thermopylen hören, ziehen sie sich endgültig zurück. Für Xerxes ist der Weg nach Athen zu Land und zu Wasser nun frei – endlich.

+++ Salamis – ein Sieg gegen jede Wahrscheinlichkeit +++

Der »König der Könige« hat sich mit seinem Riesenheer und der unbezwingbaren Flotte den Weg freigekämpft. Das griechische Kernland liegt dem Herrscher des Weltreichs zu Füßen. Jetzt muss er nur noch die letzten Widerstandsnester in Attika und auf der Peloponnes ausräuchern. Eine Frage von wenigen Wochen. Doch Xerxes verrechnet sich: In den Gewässern vor Athen trotzen die verbündeten Griechen der scheinbaren Übermacht der feindlichen Flotte. Der Selbstbehauptungswille einiger weniger Hellenenstädte triumphiert über die persisch geführte Kriegsmaschinerie – ein Ergebnis gegen jede Wahrscheinlichkeit. Wie konnte das geschehen?

Nach der Doppelschlacht – Griechenland ist verloren

Ein englischer Buchmacher, hätte es ihn damals schon gegeben, hätte nach der Doppelschlacht von Artemision und den Thermopylen wohl keine Wetten mehr auf einen militärischen Sieg der griechischen Eidgenossenschaft angenommen – zu aussichtslos schien die Lage. Auf der Rückfahrt durch den Euripos steigen die Plataier aus den athenischen Schiffen aus, auf denen sie gefochten hatten, und beeilen sich, nach Hause zu kommen: Sie müssen ihre Familien in Sicherheit bringen. Die Athener – so berichtet es jedenfalls die ihnen gewogene Überlieferung – sehen sich von den Peloponnesiern im Stich gelassen: Das gefürchtete, von Sparta geführte Landheer steht nicht etwa in Mittelgriechenland, um hier den Feind zu erwarten und am weiteren Vormarsch zu hindern, die verbündeten Peloponnesier machen sich vielmehr mit Eifer daran, am Isthmos von Korinth einen antipersischen Schutzwall aus Ziegeln, Steinen, Balken und allem, dessen sie habhaft werden können, zu bauen und sich dahinter zu verschanzen: »Denn von ihren Schiffen erhofften sie sich nichts Großes«, berichtet Herodot – für eine traditionelle Landmacht eine logische Entscheidung, die dennoch nicht durchdacht scheint, eher von Angst diktiert. Wir sehen Themistokles quasi vor uns, wie er angesichts solcher Nachrichten den Zeigefinger zur Stirn führt und verzweifelt ruft: »O Athena! Als ob eine Mauer vor der medischen Invasion schützen könnte, solange die Flotte des Xerxes in der Lage ist, jeden Punkt der Peloponnes von See her anzulaufen.« Immerhin gelingt es dem Anführer Athens, die ursprünglichen Pläne für den Flottenrückzug zu ändern: Nicht auf die Peloponnes nach Troizen zieht sich die Flotte der Eidgenossen zurück, sondern in die Bucht von Salamis gegenüber der attischen Küste.

Psychologische Kriegsführung

In den ersten Septembertagen des Jahres 480 v. Chr. greift Themistokles zu Mitteln der psychologischen Kriegsführung: Auf der Fahrt durch den Euripos zwischen Euboia und dem Festland lässt

Themistokles – der umstrittene Held

Die Quellen von Herodot über Diodoros bis Plutarch stellen in der Schilderung der Wochen bis zur Entscheidungsschlacht den Listenreichtum, die Durchsetzungsfähigkeit und die Entschlossenheit des Themistokles in den Mittelpunkt. Bei Herodot und Plutarch ist jedoch der Widerwille zu spüren, den entscheidenden Strategen in allzu günstigem Licht erscheinen zu lassen – Gier und Geltungssucht werden letztlich als seine eigentlichen Triebfedern herausgestellt. Wo Themistokles Geld einsetzt, um zum Ziel zu kommen, behält er angeblich den Löwenanteil für sich. Sendet Themistokles Geheimbotschaften an den Großkönig, um dessen Pläne zu durchkreuzen, will er sich bei diesem einschmeicheln. Der Retter Griechenlands hat schon zu Lebzeiten keine gute Presse, von klein auf muss er um Anerkennung und materiellen Wohlstand kämpfen. Offenbar lässt er keine Gelegenheit aus, auf seine Verdienste hinzuweisen. Schon kurz nach Salamis wird er nicht mehr zum Strategen gewählt. In Sparta übernimmt er diplomatische Missionen, als die Athener heimlich ihre Mauer bauen. Zu Hause übertreffen ihn aber inzwischen seine alten Rivalen Aristeides und Xanthippos an Einfluss. Sie setzen sich mit der antipersischen Stoßrichtung der athenischen Außenpolitik durch, die auf Ausgleich mit Sparta zielt, während Themistokles vor allem vor dem mächtigen Verbündeten warnt. Ein gutes Jahrzehnt nach Salamis schicken sie Themistokles endgültig in die Verbannung. Auf Betreiben Spartas wird er sogar zum Tode verurteilt, wegen angeblicher Kollaboration mit Xerxes. Nach einigen Jahren Irrfahrt landet er ausgerechnet am Hof des Großkönigs in Susa: Neuer Herr ist hier inzwischen Artaxerxes, Xerxes' Sohn. Und was macht der? Er bestraft den alten Erzfeind nicht etwa, indem er ihn für die Schmach, die er dem Vater zufügte, hinrichtet, vielmehr erhält Themistokles am Mäander eine kleine Herrschaft zu Lehen und verbringt dort, im politischen Asyl, den Rest seiner Tage.

er an allen potenziellen Landungsplätzen Botschaften in Stein meißeln des Inhalts: Die Ionier in der Flotte des Xerxes sollten doch bitte fest daran denken, dass sie griechischen Blutes sind. Und wenn sie schon nicht überlaufen könnten, so sollten sie wenigstens in der Schlacht »wie Feiglinge« kämpfen. Herodot zitiert wörtlich: »Vergesst nicht, dass unsere Feindschaft mit dem Barbaren bei euch ihren Ursprung hat.« Ein Wink mit dem Zaunpfahl in Richtung Ionischer Aufstand, der erst zu den persischen Feindseligkeiten gegenüber den Griechen geführt habe. Fruchtet der moralische Appell, verliert der Gegner an Schlagkraft – verfehlt die Botschaft dieses Ziel, wächst bei den Persern zumindest der ohnehin vorhandene Zweifel an der Loyalität der Ionier.

Evakuierung in großem Stil
In Athen ist derweil der Teufel los. Aus den Quellen wird nicht ganz klar, wann genau die Evakuierung Attikas in Gang gesetzt wurde. Ein zweihundert Jahre später entstandenes und erst im 20. Jahrhundert entdecktes Schriftstück wurde als »Themistokles-Dekret« bekannt. Laut diesem hätte die Volksversammlung auf Antrag des Strategen schon frühzeitig die Evakuierung beschlossen, außerdem die Bemannung der Trieren mit jedem verfügbaren freien Mann einschließlich des vierten Standes (Theten) und der Metöken (Nichtbürger) sowie eine Amnestie für alle Verbannten. Doch die Mehrheit der jüngeren Forschung hält dieses Dokument für eine nachträgliche Fälschung. Lief die planmäßige Entvölkerung schon im Sommer an, oder blieben die Menschen bis zuletzt in ihren Häusern, auf einen Sieg hoffend, das Unmögliche herbeisehnend?

Mit der Ankunft der Kriegsschiffe aus Artemision wird diese Hoffnung jedenfalls zunichte. Und doch klammern sich einige Athener noch immer an die abweichende Interpretation des Orakelspruchs von den »hölzernen Mauern«. Zuletzt bleiben einige Hundert Menschen in der Stadt, verbarrikadieren sich auf der Akropolis; andere sind zu gebrechlich, nicht transportfähig. Weinend nehmen die Angehörigen Abschied. Ein Wiedersehen, das wissen alle, gibt es nicht. Aus den Kriegsschiffen werden jetzt vor-

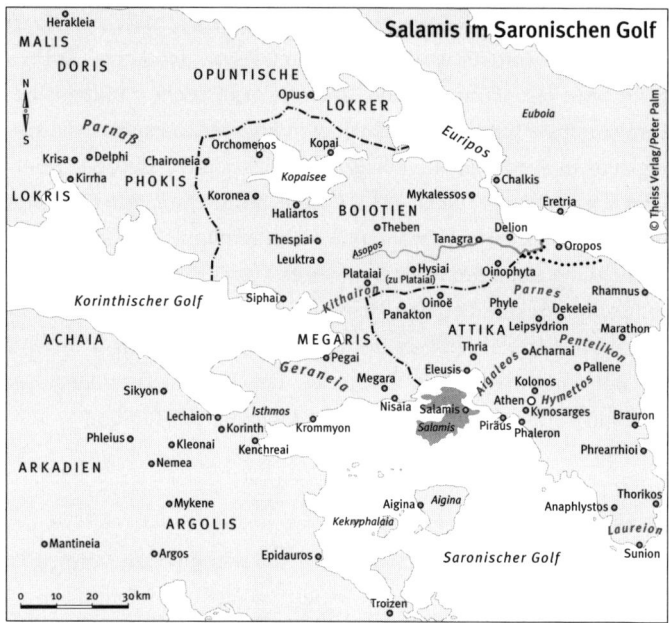

übergehend Transportschiffe. Jeder irgendwie seetaugliche Kahn muss herhalten, um Frauen, Kinder, Sklaven nach Aigina, Salamis und Troizen zu schippern. An Hausrat hat nur das Nötigste Platz. In ihren Gärten und Höfen vergraben die Athener, was nicht in Feindeshände gelangen soll: das gute Tongeschirr, Lampen, Glasschüsseln, Münzen, Halsketten, goldene Ohrringe, Schwerter, Schüsseln und Töpfe, Dreifüße, Schöpfkellen. Zurücklassen müssen 100 000 Menschen die Gräber ihrer Ahnen, geschmückt mit Statuen von Reitern, Athleten, Löwen, Sphingen und Blumen. In welchem Zustand werden sie diese wiedersehen? Werden sie überhaupt die Chance auf Rückkehr haben? Zurück bleibt das Vieh, auch viele Haustiere, die ihren Herren bis ans Wasser folgen. Wahr oder nicht: Der Hund des Xanthippos, des Vaters des Perikles, soll ihm schwimmend bis Salamis gefolgt und dort am Strand tot zusammengebrochen sein ...

Ein derartiger logistischer Kraftakt kann nicht von heute auf morgen umgesetzt werden. Vermutlich hatte sich ein großer Teil der Bewohner Athens und seines Umlands schon abgesetzt, als die schlechten Nachrichten aus Artemision eintrafen. Schließlich war damit zu rechnen, dass binnen weniger Tage die Vorhut des persischen Heers Attika erreichen würde – bis zu den Thermopylen sind es nur gut zweihundert Kilometer. Die gegnerische Flotte sitzt den Griechen ohnehin im Genick, Späher auf den attischen Bergen haben sie im Blick. Sie signalisieren mittels Leucht- und Feuerzeichen, wann das erste feindliche Schiff Kap Sunion umsegelt. Die Zeit läuft gegen Athen.

Schwarzer Rauch über der Akropolis

In dieser Situation konstituiert sich auf Salamis der Kriegsrat der verbündeten griechischen Flotte neu. Zusätzliche Schiffe sind eingetroffen. Über 370 Trieren stehen jetzt unter dem Befehl des spartanischen Generals Eurybiades. Er ist mit dem Titel Oberbefehlshaber ausgestattet, weil dieser Rang der stärksten griechischen Macht gebührt. Athen stellt zwar die meisten Schiffe, tritt aber in der Frage des Oberkommandos im Interesse der Sache zurück. Selbst unschlüssig über die weiteren Schritte, will Eurybiades wissen, wie die Kommandeure der Verbündeten denken. Schließlich ist aus seiner Sicht eine neue Situation entstanden: Am Isthmos steht schon bald ein Bollwerk zur Verfügung, gut geschützt von der besten Armee der Welt. Warum nicht dorthin fahren und den Persern im Gewässer vor dem Isthmos die Schlacht anbieten, mit dem Heer im Rücken?

Der Vorschlag hat für die Mehrheit der versammelten Militärs etwas Bestechendes. Sollte die Seeschlacht verloren gehen, könnte man sich immer noch an die Gestade der Peloponnes retten und mit dem Heer vereinigen. Eine Niederlage vor Salamis jedoch hat unweigerlich die Invasion der Insel zur Folge, ohne Chance auf Flucht oder Entsatz. Nur Athen, Aigina und Megara plädieren für Salamis als Schauplatz der Entscheidungsschlacht. Kein Wunder: Ein Rückzug auf die Peloponnes hätte alle drei auf einen Schlag ihrer Heimat beraubt. Einstweilen allerdings entkräften die schieren Fakten die Argumentation der Athener, Aigineten und Megarer – die Meder sind da. Von Salamis aus sind schwarze Rauchschwaden über der Akropolis zu sehen. Das attische Ufer hallt wider vom Lärm der persischen Streitmacht: Befehle, Axthiebe, Peitschenknallen, Schmerzensschreie, Fanfaren. Der Hafen von Phaleron – wo ist er geblieben? Zu viele Schiffe liegen dort vor Anker, um die Küstenlinie noch erahnen zu können. Gegenüber, auf Salamis, geraten die Schiffsbesatzungen in Panik. Grüppchen bilden sich, man bestätigt sich gegenseitig: Wir stehen hier auf verlorenem Posten! Vor allem die Peloponnesier drängen darauf, Segel zu setzen und so schnell wie möglich abzufahren, ehe es zu spät ist. Sie bestürmen ihre Kapitäne. Die wenden sich an die Kommandeure im Kriegsrat. Einige Schiffsführer machen ihre Boote schon startklar, warten nur noch auf das erlösende Zeichen. Tatsächlich entscheidet die Mehrheit der Feldherren: Wir ziehen ab! Themistokles muss tief enttäuscht sein. Und er unternimmt erneut einen Versuch, die Kollegen umzustimmen.

Die Perser – eine Spur der Verwüstung

Auf nennenswerten Widerstand stößt Xerxes' Invasionsarmee nach den Thermopylen nicht mehr. Wer hätte sich ihr auch entgegenstellen sollen? Mehr noch: Die medisierenden Thessaler nutzen die Gelegenheit, ihre traditionellen Rivalen, die Phoker, mit Hilfe des großen Bruders aus dem Osten zu vernichten. Irgendwer hat in Griechenland immer mit irgendwem eine Rechnung offen – der hellenische Partikularismus feiert fröhliche Urständ. Von Thessalern geführt, zieht das multiethnische Heer durchs Land, steckt Städte, Dörfer und Heiligtümer in Brand, macht Jagd auf fliehende Phoker bis hinauf in die abgelegensten Berge. Herodot erwähnt auch Massenvergewaltigungen von Frauen. Niemand, der sich nicht beizeiten unterworfen hat, entkommt der entfesselten Zerstörungswut. Seit über einem Jahr steht das Heer nun im Dienst des Königs der Könige. Kämpfe gab es nur wenige, und die waren verlustreich und frustrierend. Das Riesenaufgebot an Menschen, Tieren und Material fordert gigantische Mengen an Nachschub. Aus der asiatischen Heimat kommt jedoch nichts – der Weg ist zu weit. Und Griechenland bietet wenig. Die Flotte ist keine große Hilfe mehr. Sie rudert den Euripos hinunter und hält sich mit Überfällen an euboischen Städten schadlos. In Boiotien, der nächsten Etappe des Xerxes, stehen überall Soldaten aus Makedonien und erklären: Die Boioter sind loyal, tut ihnen nichts. Außer in Thespiai und Plataiai, deren Bewohner sich in Sicherheit gebracht hatten – die Thespier waren geschlossen nach Achaia auf die Peloponnes übergesetzt –, und so bleibt nur, Feuer zu legen und zu vernichten, was noch steht. Buchstäblich eine Strategie der verbrannten Erde.

Das Orakel von Delphi erhält Besuch von einer eigens abgeordneten Delegation des Xerxes. Nachträglich hieß es, allein ein Naturwunder – plötzlicher Steinschlag – habe die Zerstörung der heiligen Stätte und den Raub der kostbaren Schätze verhindert. In Wahrheit wird der Perserkönig der Pythia wohl seinen Dank abgestattet haben für die psychologische Vorbereitung des Kriegsschauplatzes: »Tod und Vernichtung kommen über euch. Flieht, wenn ihr könnt. Schützt euch hinter hölzernen Mauern ...«

Athen und Attika werden zerstört

All dies geschieht, während die Athener ihre Stadt verlassen. Natürlich dringen die schlechten Nachrichten bis Attika durch, erreichen auch die Flotte auf Salamis. Wer jetzt noch auf dem Festland bleibt, weiß, was ihn erwartet. Als die Truppen des Xerxes in Athen einmarschieren, werden sie ihrem vorauseilenden Ruf gerecht: In den besseren Häusern quartieren sich die vornehmsten Heerführer ein, der Rest wird geplündert und zerstört, das Land Attika verwüstet. Es dauerte Jahrzehnte, bis die gröbsten Kriegsschäden aus dem Stadtbild verschwunden waren. Der Aufstieg des klassischen Athens vollzog sich vor dem Hintergrund einer zerstörten Infrastruktur. Fünfhundert Menschen greifen die Häscher des Königs in der Stadt und im Umkreis auf und schicken sie als Sklaven nach Samos. Die Unentwegten, die sich hinter hölzernen Mauern auf der Akropolis verschanzt haben, können sich nur wenige Tage halten. Zuerst schießen persische Bogenschützen vom gegenüberliegenden Ares-Hügel aus die Schanzwehr in Brand, dann treten die Peisistratiden auf den Plan: Auch dreißig Jahre nach ihrer Vertreibung – Hippias ist längst tot – haben sie nicht aufgegeben. Offenbar übernehmen sie offiziell die Herrschaft über Athen. Sie versuchen eine Übergabe der Akropolis auszuhandeln – vergebens. Da erstürmen Xerxes' erfahrene Belagerer die Burg, töten die Bewacher und stecken sämtliche Tempel und alle sonstigen Bauten in Brand. Für immer vernichtet wird damit das Antlitz der Akropolis, wie Peisistratos es hatte erschaffen lassen. Ein Teil der Ruinen wird nach dem Abzug der Perser in die eilends wiederaufgebaute Burgmauer eingearbeitet werden. Dort sind sie noch heute zu sehen. Die Rauchschwaden über Athen aber lassen den Mut der Griechen auf Salamis weiter sinken. Angst schlägt um in Panik.

Xerxes weilt nun seit vier Monaten in Europa. Vor über einem Jahr hat er die Persis verlassen. Sein Onkel Artabanos hält dort die Stellung. Jetzt schickt ihm der König per Botenstafette über die Königstraße von Sardeis nach Susa eine Nachricht: »Wir haben gesiegt. Athen ist vollständig eingenommen.« Unwahrscheinlich, dass Xerxes Artabanos und dem persischen Volk die »näheren Umstände« des »Sieges« erläuterte: Attika ist menschenleer, die Versorgung des Heeres wird allmählich dramatisch, die dezimierte Flotte muss bald in die Entscheidungsschlacht, einige unverbesserliche Griechen wehren sich noch immer. Die Zeit läuft uns davon. Mit freundlichen Grüßen ...

Vor der Entscheidung – Nervenkrieg und Psychologie

Das Dorf Salamis, in einer kleinen Bucht genau gegenüber dem attischen Festland gelegen, ist ein beschaulicher Ort. Vor einem oder zwei Menschenaltern hatte der Tyrann Peisistratos die Insel Salamis den Aigineten abgejagt. Vielleicht wohnen hier fünftausend Menschen, vielleicht etwas mehr. Jetzt, am Vorabend der größten Seeschlacht der Antike, wimmelt es auf der Insel nur so vor Menschen, vor allem in und um das Dorf herum. Tausende von Frauen und Kindern aus Athen bevölkern den Ort, zum Teil in klapprigen Bretterverschlägen und Zelten aus Segeltuch. Sie bejammern lautstark ihr Schicksal, beten für ihre Männer und Väter, die kurz vor der tödlichen Begegnung mit des Xerxes' fremden Kriegern stehen. Rund um die Inselküsten sind Soldaten postiert. Sie müssen jede verdächtige Bewegung draußen im Saronischen Golf melden, um nicht einem Überraschungsangriff anheimzufallen.

Das griechische Lager – bleiben oder abziehen?

Sechzig- bis siebzigtausend Mann Schiffsbesatzung lagern zu beiden Seiten der Bucht an den Stränden, stets bereit, ihre Trieren zu besteigen und in die Schlacht zu ziehen. Sie unterhalten Feuer, braten die letzten Kaninchen der Insel und knabbern gesalzenen Fisch, löffeln Hafergrütze aus ihren Holzschüsseln. Von der anderen Seite des Golfs, von dort her, wo die Rauchsäule über dem Hügel Aigaleos steht, dringen beunruhigende Geräusche übers Meer. Offenbar zieht das gesamte persische Heer hinunter an die Küste. Die Männer auf Salamis debattieren darüber, welche Strategie jetzt die richtige ist. Die Antwort fällt eindeutig aus, jedenfalls auf Seiten der Peloponnesier: Warum sollten wir uns um Attikas willen hier abschlachten lassen? Bloß weg von hier.

So lautet auch der erste Beschluss des griechischen Kriegsrates, wenn wir der Überlieferung trauen dürfen. Keine der antiken Quellen hat mit einem Teilnehmer der damaligen Sitzungen gesprochen – die wiedergegebenen Zitate von Themistokles, Eurybiades, dem Korinther Adeimantos und anderen entspringen der jeweiligen regionalen Tradition und Legendenbildung. Sie setzte unmittelbar nach dem überraschenden Sieg ein. Mit Korinthern und Athenern sprach Herodot wohl gegen Ende der 440er Jahre. Damals trieben die korinthisch-athenischen Feindlichkeiten gerade ihrem Höhepunkt zu. Entsprechend spielt Adeimantos vor Salamis die Rolle des Bad Guy. Er bestreitet dem Vertreter Athens das Recht, für seine Heimat zu sprechen, wo er doch keine mehr habe. Der Athener, nachmals erfolgreicher Imperialist, droht mit dem militärischen Potenzial von zweihundert Schiffen, derer sich »kein hellenischer Staat würde erwehren können«, auch nicht Korinth. Es ist mehr als fraglich, ob der Themistokles des Jahres 480 tatsächlich solche Argumente in die Waagschale werfen konnte. Athen stellte zwar die weitaus meisten Schiffe, doch eine derartige Drohung hätte vermutlich die nur mühsam aufrechterhaltene Gemeinschaft gesprengt. Thukydides, Chronist des Peloponnesischen Krieges, legt seine schriftstellerische Methode explizit offen: Wenn er wörtliche Reden wiedergebe, dann bringe er sie so, wie die Redner aus seiner Sicht in der jeweiligen historischen Situation gesprochen haben müssen. Herodot äußert sich dazu nicht so differenziert. Zwar liefert er bisweilen unterschiedliche Versionen ein und desselben Vorgangs und zieht die eine der anderen vor, doch Reden gibt er so wieder, als wäre er dabei gewesen. Wahrscheinlicher als die oben genannte Drohung erscheint der ebenfalls von Herodot überlieferte Gedanke, die Athener könnten ihre Schiffe abziehen und mit Sack und Pack nach Siris in Unteritalien auswandern. Eine derartige Andeutung wird ihre Wirkung nicht verfehlt haben. Ohne das athenische Kontingent stünden die Griechen auf verlorenem Posten.

Große Bedeutung in der Diskussion der Militärführer hatte offenbar die Frage, welche taktischen Möglichkeiten die jeweiligen Kriegsschauplätze boten. Einhellig werden Themistokles die entscheidenden Überlegungen zugeschrieben, denn es musste im Interesse Athens liegen, die unausweichliche Auseinandersetzung im Angesicht der Heimat zu suchen. Zudem waren die Argumente für die Kollegen vom Fach nicht von der Hand zu weisen: Der enge Raum im Sund vor Salamis spiele den Griechen in die Hände, da sie zahlenmäßig an Schiffen unterlegen sind. Das hatten schon diverse Manöver vor Artemision gezeigt, als die Griechen die Perserflotte zwangen, auf begrenztem Raum gegen sie anzutreten. Im Übrigen, so die athenischen Gedanken weiter, entfällt damit der Nachteil, den wir durch unsere weniger gut trainierten Mannschaften und durch die vielleicht schlechter gebauten Trieren haben. Denn die Gegner werden weder Raum noch Zeit haben, ihre überlegenen Fähigkeiten, ihr ausgereifteres Material wirkungsvoll einzusetzen. Und noch etwas: Wer sich jetzt an den Isthmos zurückzieht, bietet dem Gegner nicht nur weiten Manövrierraum, mit einem solchen Schritt würden die Perser überhaupt erst auf die Peloponnes gezogen und damit die Heimat des

Spartaners wie des Korinthers auf einen Schlag in Gefahr gebracht. Und dies unnötigerweise, denn ein Seesieg vor Salamis könnte die Invasion stoppen. Vor dieser Argumentation, gepaart mit der Drohung, die Allianz zu verlassen, geben Eurybiades und die anderen Anführer schließlich klein bei. Sie erklären sich damit einverstanden, vor Salamis die Entscheidung zu suchen. Zur Beruhigung der einfachen Soldaten und Ruderer trägt der Beschluss allerdings nicht bei. Im Gegenteil: Eine einzige Machtdemonstration der persischen Flotte reicht aus, die Unruhe im griechischen Lager bis nahe an die Befehlsverweigerung zu treiben.

Xerxes – zum schnellen Erfolg verdammt

Herodot ist die einzige Quelle, die uns außer der griechischen auch die Diskussion auf Seiten der persischen Heeresführung liefert. Zu verdanken haben wir dies der Tatsache, dass in der Flotte des Xerxes eine karische Fürstin fünf Schiffe unter ihrem Kommando hatte: Artemisia, Königin von Halikarnassos, dem Geburtsort Herodots. Der Historiker erwähnt wiederholt, wie sehr er die kämpferische Frau bewundert. Die Schilderung der angeblichen Debatten im Kreise der asiatischen Fürsten und Oberbefehlshaber beruht offensichtlich auf lokalen Überlieferungen aus Halikarnassos. Artemisia, so Herodot, gibt dem Großkönig stets den besten Rat, doch befolgt dieser ihn nicht immer. Zum Beispiel habe die Königin dringend von Salamis als Kampfplatz abgeraten. Nach der Schlacht musste Xerxes einsehen, dass er besser auf Artemisia gehört hätte. Und dann kämpfte sie auch noch so bewundernswert. Als hätte er heimlich gelauscht, liefert Herodot ein Zitat des »Königs aller Könige«, ausgerufen im Angesicht der Heldentaten Artemisias auf der aufgewühlten See zu seinen Füßen: »Ja, die Männer sind mir zu Weibern geworden, und die Weiber zu Männern!«

Natürlich können wir nicht einmal erahnen, was im Beisein des Xerxes verhandelt wurde. Normalerweise hatte außer den wenigen Verwandten, welche die wichtigsten Ämter bekleideten, niemand unmittelbaren Zutritt zum »König aller Länder«. Einen Beraterstab im modernen Sinn gab es nicht, das geht auch aus

Herodots Schilderungen hervor. Die einzelnen Potentaten – von den phönizischen Königen bis zum Schiffsführer aus Ionien – wurden entsprechend ihrem Rang der Reihe nach von Heereschef Mardonios, des Königs Vetter, um Stellungnahme gebeten. Mardonios trägt anschließend dem Xerxes vor, was er für richtig hält – oder was er übersetzt bekommen hat. Ein jeder pflegt seine eigenen Interessen im Herrschaftsgeflecht des persischen Reiches. Dazu kommt, dass sich der halbautonome kilikische König schwerlich auf einer Ebene mit einer exotischen Frau wie Artemisia oder einem x-beliebigen Kapitän vom Hellespont sieht. Sollte es wirklich zu einer solchen Versammlung gekommen sein, so wussten sicher alle, was die Stunde geschlagen hatte und was von ihnen verlangt wurde.

Xerxes hat keine Zeit zu verlieren. Um das zu erkennen, benötigt er keine polyglotte Beraterrunde. Allmählich drängt die Frage nach vorn, wo Heer und Flotte überwintern sollen, ob nun mit oder ohne Schlacht. Die Versorgungslage wird prekär: Attika ist abgebrannt, hier ist nichts mehr zu holen. Die lange Abwesenheit des Königs könnte in der Heimat zum Problem werden. Potenzielle Brandherde gibt es mehr als genug. An eine dauerhafte Besetzung Griechenlands ist nicht gedacht – nirgendwo werden Garnisonen gegründet oder persische Besatzungstruppen stationiert. Den Vasallenstatus müssen die zahlreich vorhandenen örtlichen Perserfreunde garantieren und eine nachhaltige militärische Niederlage. Das ist der mächtigste Gedanke in Xerxes' Kopf: Ich brauche dringend einen echten Erfolg. Dann sehen wir weiter. Vor mir liegt beinahe die gesamte Flotte meiner Kriegsgegner – gelingt es mir, diese in einem Handstreich auszuschalten und meiner eigenen Flotte einzugliedern, habe ich gewonnen.

Jetzt geht alles scheinbar sehr schnell. Am Nachmittag vor der eigentlichen Schlacht lässt Xerxes die Flotte in der Meerenge vor Salamis auflaufen. Herodot berichtet: »Die Schiffe stellten sich dort in aller Ruhe in Schlachtordnung auf. Weil aber dieser Tag nicht mehr zur Schlacht reichte, denn die Nacht brach schon herein, hielten sie sich für den nächsten Tag bereit.« Gleichzeitig erhält das Landheer den Befehl, gen Isthmos aufzubrechen. Während der ganzen Nacht dröhnt das Marschieren über die Meerenge nach Salamis hinüber. Beide Aktionen wirken verheerend auf die angeschlagene Moral der vereinigten Griechen.

Auf Salamis brennt die Luft

Der Tag vor der Schlacht beginnt für die Griechen auf Salamis mit einem Donnerschlag: Im Morgengrauen bebt die Erde, zu Land und zu Wasser. Ist das nun ein gutes oder ein schlechtes Zeichen? Auf alle Fälle werden die Götter angerufen. Und zur Sicherheit vergewissert man sich des Schutzes der örtlichen Heroen: Aias, Held vor Troja, und Telamon, Sohn des Aiakos, Sohn des Zeus und der Aigina. Damit aber zumindest in religiöser Hinsicht wirklich nichts schief geht, schickt man ein Schiff nach Aigina, die Reliquien des Aiakos »und der anderen Aiakiden« zu holen, wie Herodot – und auch nur er – berichtet. Plutarch lässt die verzweifelten Griechen vor der Schlacht drei vornehme junge Perser opfern, um die Götter gnädig zu stimmen. Ebenfalls bei Plutarch flattert während einer Rede des Themistokles eine Eule durchs Bild – zweifellos ein starkes Zeichen für die Richtigkeit der athenischen Argumente. Wie auch immer solche Anekdoten aufzufassen sind: Sie illustrieren, dass die Hellenen vor Salamis bereit sind, nach jedem Strohhalm zu greifen, der ihnen eine gewisse Überlebenschance und einen glücklichen Ausgang der Schlacht verheißt. Optimismus fühlt sich anders an.

Die persische Flottenparade und der Abmarsch des persischen Heeres lassen den ohnehin kaum vorhandenen Mut der meisten Griechen auf Salamis endgültig schwinden. Seit mehreren Wochen liegen sich die Gegner nun gegenüber. Tag für Tag streiten die hellenischen Chefs über die Strategie. Mal entscheiden sie so, dann wieder anders. Währenddessen werden auch auf griechischer Seite die Vorräte allmählich zur Neige gegangen sein. Zigtausende Ruderer und Krieger müssen in Form gehalten werden. Die Befehlshaber der einzelnen Kontingente haben ihre liebe Mühe, die Disziplin aufrechtzuerhalten – vielleicht sogar gegen ihre eigene Überzeugung. Bei Diodoros ist von offener Befehlsverweigerung die Rede; auch Herodot berichtet von aufrührerischen Aktionen. Die Luft brennt auf Salamis. In Sichtweite bei Phaleron steht die größte Flotte der Welt, mit den besten Seefahrern aller Zeiten am Ruder. Wie gut die Jungs ihr Handwerk beherrschen, haben sie gerade erst demonstriert. Das größte Heeresaufgebot seit der Schlacht um Troja macht sich auf den Weg in die Peloponnes – damit ist die Heimat eines großen Teils der auf Salamis stehenden Griechen unmittelbar bedroht. Erneut kommen die Anführer zusammen. In der langen und erregten Debatte zeichnet sich bald ein klares Meinungsbild ab: Außer Athen, Aigina und Megara sprechen sich alle Verbündeten für den Rückzug an die Peloponnes aus. Was das für den gemeinsam beschlossenen Abwehrkampf bedeutet, kann sich Themistokles an den Fingern einer Hand abzählen: kopflose Flucht statt koordinierter Aktionen. Ein beträchtlicher Teil segelt erst einmal in die Heimat ab, um die eigene Familie zu retten; ein zersplittertes, demoralisiertes Aufgebot wird in dem weiten Gewässer vor dem Isthmos zur leichten Beute für die persische Flotte; mit dem Flankenschutz von See her gelingt dem Invasionsheer rasch der Durchbruch durch die provisorische Mauer; kurzum: Die Preisgabe der Stellung bei Salamis ist gleichbedeutend mit der Aufgabe ganz Griechenlands. Auch die Evakuierung Athens und ganz Attikas hätte dann ihren Sinn verloren. Binnen kurzem fänden sich alle Angehörigen entweder im Hades oder in der Sklaverei wieder. In dieser scheinbar ausweglosen Situation greift Themistokles zu einem ganz und gar unkonventionellen Mittel: Er informiert die persische Seite direkt über die bevorstehende Flucht der Griechen.

Dramatische Stunden in der Nacht

Ende September geht die Sonne über Salamis gegen halb acht unter. Themistokles wartet noch eine Stunde oder zwei, bis es richtig dunkel ist über dem Meer. Vielleicht greift er auch in die Schatulle mit den vielen Münzen, um die Wachen zu »beruhigen«. Dann setzt er den Sklaven Sikinnos, den Erzieher seiner Kinder, in ein kleines Boot, dazu einen getreuen Gefolgsmann ans Ruder, und schickt diese Minidelegation über den Golf hin zu den feindlichen Reihen. Sie werden nicht lange unterwegs gewesen sein, bis sie ein Patrouillenboot abfängt. Vermutlich muss Sikinnos die

Siegel seines Herrn vorweisen, um nicht sofort erschlagen, sondern am Strand von Phaleron in das Zelt eines persischen Truppenführers geleitet zu werden. Was er dort zu sagen hat, scheint so glaubwürdig zu sein, dass dem König und der Flottenführung sofort Meldung gemacht wird.

Xerxes ist an diesem Abend mit sich im Reinen. Die Flottenübung vor Salamis, in dem engen und unbekannten Gewässer – der Sund ist zwischen einem und zwei Kilometer breit –, hat nach Darstellung der Admirale tadellos geklappt. Die Schlacht kann kommen – und sie sollte allmählich auch kommen. Mardonios ist mit dem Heer unterwegs in Richtung Isthmos. Er wird bald die Unterstützung von See her benötigen. Die Griechen haben im Grunde keine Chance, auch wenn sie sich zugegebenermaßen bisher immer wieder geschickt aus der Affäre zogen. Vor Salamis müssen sie nun zeigen, wozu sie noch fähig sind. Der Bote dieses athenischen Strategen bestätigt, was die Perser schon immer wussten: Die Griechen sind gelähmt vor Angst. Sie streiten sich untereinander. Das kennt man ja von ihnen, wird sich Xerxes denken. Siehe die Seeschlacht bei Lade vor vierzehn Jahren: Zuerst brüsteten sich die Ionier mit ihrer großen Flotte, dann kamen die Verräter angekrochen und sicherten sich das Wohlwollen des Stärkeren. Noch ehe es richtig zur Sache ging, hissten sie ihre Segel und ließen ihre Landsleute im Stich. Es war damit zu rechnen, dass auch vor Salamis, wie ja erst kürzlich bei den Thermopylen, ein Überläufer kommt und die hellenischen Pläne verrät. Wenn also stimmt, was der heimliche Emissär behauptet, dass nämlich die Griechen drauf und dran sind zu fliehen, dann kann es für die Perser nur eine Entscheidung geben: die Flucht verhindern und sofort zuschlagen. Schon bald wird wieder ein Botschafter auf der Königstraße in Richtung Susa unterwegs sein, zu Onkel Artabanos.

Mit welchem Kalkül hatte Themistokles dem König seine Nachricht geschickt? Wäre die Aktion noch an diesem Abend publik geworden, wäre Athens Führer vielleicht sofort gelyncht worden – wegen Hochverrats. Stattdessen erklärten ihn die versammelten griechischen Feldherren nach dem glücklichen Sieg einstimmig zum Retter des Vaterlandes, und das nicht zuletzt deswegen, weil er allein den Persern Ort und Zeitpunkt der Schlacht diktiert hatte. Acht Jahre nach Salamis lässt Aischylos in seinem Drama »Die Perser« einen »hellenischen Mann aus dem Athenäervolk« zu Xerxes gehen und ihn von der bevorstehenden Flucht der Griechen wissen. An dieser Stelle werden im Publikum alle Blicke auf Themistokles gerichtet gewesen sein, schließlich wurde er seit Jahren nicht müde, seine Verdienste um die Rettung von Hellas herauszustreichen. Er wurde immer unbequemer und umstrittener, je verkannter er sich fühlte. Genau deswegen nannte Aischylos auch nicht ausdrücklich seinen Namen. Herodot und Plutarch garnieren ihre Darstellungen mit dem Hinweis, Themistokles habe sich dem König gegenüber als heimlicher Parteigänger dargestellt. Das wird gar nicht nötig gewesen sein. Hier spielt wohl eine Rolle, dass ihn das Leben zuletzt tatsächlich in die Arme der Perser trieb.

Die Zwänge des Gegners

Themistokles hatte offenkundig sowohl die Pläne als auch die Zwänge des Gegners durchschaut. Xerxes musste es darauf ankommen, schnell zum Erfolg zu kommen und auf einen Schlag die gesamte griechische Flotte auszuschalten. Beide Ziele ließen sich nicht verwirklichen, wenn sich die Griechen jetzt in alle Winde zerstreuten. Allein die athenische Flottenmacht wäre stark genug, zumindest das östliche Mittelmeer, wenn nicht auch den Westen bis hin nach Unteritalien mit Raubzügen und Koloniegründungen auf Jahre hinaus zu destabilisieren. Von den Aigineten mit ihren vielfältigen Handelskontakten zum unruhigen Ägypten und zum wichtigen Phönizien nicht zu sprechen. Auch Themistokles hatte am Nachmittag staunend am Strand gestanden und die mit größtmöglicher Disziplin und Präzision ausgeführten Flottenbewegungen des Feindes studiert. In drei langen Reihen waren die Phönizier, die Ionier, vielleicht auch die Ägypter in die Meerenge eingefahren, die Abstände exakt gleich, Richtung Nordwest. Dann, auf ein einziges Kommando hin, drehten sich die Kriegsschiffe um neunzig Grad und schwenkten, mit den Rammspornen in Richtung Salamis, auf eine Linie ein: 207

Wie viele Schiffe standen sich vor Salamis gegenüber?

Laut Herodot haben die Perser ursprünglich 1207 Kriegsschiffe auf ihren Feldzug mitgenommen. Vor der Küste von Magnesia gehen vierhundert davon unter, dazu die zweihundert, die angeblich um Euboia herumgeschickt wurden. Verluste gab es auch am Kap Artemision. Einige Kykladeninseln müssen diese teilweise wieder ausgleichen. Vor Salamis könnten also rund siebenhundert feindliche Trieren in Stellung gebracht worden sein. Wenn jede mit 170 Ruderern voll bemannt war, hätten allein auf persischer Seite 119 000 Ruderer Dienst getan. Dazu kämen 42 000 Mann Besatzung und Seesoldaten. Zahlen, die kaum zu glauben sind. Wahrscheinlicher ist, dass die Trieren von Anfang an mit weniger Ruderern bestückt waren, vielleicht mit jeweils sechzig. Der verbleibende Platz wurde für Soldaten und Material genutzt.

Aischylos setzt die Zahl der persischen Schiffe vor Salamis mit eintausend an, darunter 207 besonders schnelle. Während die persische Flotte bei Phaleron lag, konnten die Griechen fleißig zählen. Tausend ist eine verlockend runde Summe, viel weniger werden es wohl nicht gewesen sein. Einen Teil schickte Xerxes in der Nacht vor der Schlacht in die Straße von Megara, den westlichen Ausgang der Meerenge zu hüten. Ein anderer Teil bewachte den östlichen Fluchtweg. In die Kämpfe vor Salamis eingreifen konnte also von vornherein nur eine kleinere Zahl als tausend. Die Zahl 207 für die Vorhut der ersten Linie lässt sich perfekt durch drei teilen und passt daher zur Angabe des Aischylos, der Feind sei in drei Reihen aufgezogen. Für die Griechen nennt Aischylos dreihundert Trieren, während Herodot auf 380 kommt. Er zählt wie im Falle der Perser einfach die für die jeweiligen Kontingente überlieferten Zahlen zusammen und rechnet dann die maximale Besatzung hoch. Gut möglich, dass auch die Griechen ihr vorhandenes Personal auf weniger Schiffe konzentrierten und der Augenzeuge Aischylos mit seinen Angaben richtig liegt.

Schiffsschnäbel zählten die Griechen, 207 tödliche Waffen, bereit zum Zustoßen. Mehrere hundert weitere Trieren hielten sich südöstlich der dem Sund vorgelagerten Insel Psyttaleia in Bereitschaft. Weil auf griechischer Seite die Angststarre jegliche Reaktion verhinderte und obendrein bald die Nacht hereinbrach, zogen die Feinde unverrichteter Dinge wieder ab – so interpretierten die Griechen jedenfalls das Schauspiel und stellten sich innerlich wie äußerlich auf Flucht ein.

Anders Themistokles. Die geplante Schlachtordnung und die voraussichtliche Taktik des Gegners kennt er nun: Die 207 Elitetrieren sollen die Griechen auf Salamis festhalten. Dann können in ihrem Rücken weitere Schiffe auffahren und weitere Truppen herangeführt werden. Der Plan kann aber nur gelingen, wenn er überraschend ausgeführt wird und solange die Griechen alle an einem Ort lagern – in der Bucht vor Salamis. Deshalb lässt Themistokles den König über die unmittelbar bevorstehende Flucht der Bundesgenossen ins Bild setzen. Kein Wort ist gelogen: Die Griechen haben Angst, sie streiten sich und wollen mehrheitlich fliehen. Xerxes ist gezwungen, sofort zu reagieren. Und er tut es.

Ein Geschwader starker Schiffe wird ausgesandt, Salamis zu umfahren und die westliche Ausfahrt aus dem Sund, die Straße von Megara, zu blockieren. Möglicherweise handelt es sich um einen Teil des ägyptischen Kontingents. Ein weiteres Geschwader erhält den Auftrag, den Durchgang zwischen der bei Salamis nach Osten vorspringenden Halbinsel Kynosura und der Insel Psyttaleia zu versperren. Auf Psyttaleia wird das Landungskorps eines speziellen Truppenteils abgesetzt mit klarem Befehl – wie der womöglich lautete, sehen wir später. Und schließlich: Die Vorhut der 207 besonders kampfstarken Trieren, eben erst vom Manöver zurückgekehrt, wird erneut losgeschickt. Mit den restlichen einsatzbereiten Booten besetzen sie nach Herodots Angaben »den ganzen Sund bis nach Munychia hin« – den östlichen Eingang in den Sund, durch die Hügel auf Psyttaleia vor den Blicken der Griechen geschützt, bis hin zur Festung Munychia beim Hafen Piräus. Damit ist den Hellenen jede Fluchtmöglichkeit genommen.

Plötzlicher Auftritt des Aristeides

Der erste, der dies erkennt, ist Aristeides – ausgerechnet Themistokles' wichtigster Gegenspieler im Kampf um den Flottenbau und auf dessen Betreiben erst vor drei Jahren in die Verbannung geschickt! Aus dem Nichts lässt Herodot ihn auftauchen, auf einem Schiff aus Aigina kommend. Was hatte er dort zu schaffen? Warum war er nicht schon früher bei der Truppe? Plutarch bezieht sich offenbar auf das sogenannte »Themistokles-Dekret« aus dem 4. Jahrhundert, wenn er schreibt, Aristeides sei mit allen anderen Verbannten schon im Sommer begnadigt worden, damit sie sich nicht den Feinden anschlössen. Den von ihm favorisierten Helden lässt Plutarch sich »tollkühn« durch die feindlichen Schiffe schlagen, während ihn Herodot sagen lässt, er habe gerade noch »durchschlüpfen können«. Wie auch immer: Aristeides versöhnt sich im Angesicht der Gefahr mit seinem Erzfeind und berichtet der Versammlung der Kommandeure unter Eurybiades, was er mit eigenen Augen gesehen hat: Wir sitzen in der Falle, alle Ausgänge sind besetzt! Doch selbst Aristeides mit dem Beinamen »der Gerechte« findet unter den griechischen Streithähnen keinen Glauben. Diodoros lässt wie Aischylos – dieser aus innenpolitischen Rücksichten – Aristeides ganz außen vor. Bei ihm ist es ein Überläufer aus Samos, der schwimmend das Griechenlager erreicht und die Strategen über die Kampfordnung der Perser informiert. Glaubwürdiger erscheinen die Angaben bei Herodot und Plutarch: Ein Schiff von der Kykladeninsel Tenos habe im letzten Augenblick die Seiten gewechselt. Panaitios, der Kapitän, bestätigt die Angaben des Aristeides. Für diese Großtat erhält Tenos später auf dem in Delphi geweihten Dreifuß eine ehrenvolle Erwähnung. Auch der letzte Peloponnesier lässt sich jetzt überzeugen: Flucht ist sinnlos – vor Salamis muss sich ihr aller Schicksal entscheiden.

Die größte Seeschlacht der Antike

Am Strand von Phaleron, dem Hafen Athens im Südosten der Stadt, kehrt an diesem Abend keine Ruhe ein. Seit mehr als zwei

Wochen liegen hier Kriegsschiffe und Transporter aus dem gesamten östlichen Mittelmeer vor Anker. Die Zahl der Boote wird unter Einschluss der Transporter wohl bei mehreren Tausend liegen. Zwischen Phaleron und Makedonien müssen wir uns ein ständiges Pendeln von Lastkähnen unter vollem Segel vorstellen. Doch was aus dem verbündeten Norden herangeschafft werden kann, reicht bei Weitem nicht aus, die mehr als hunderttausend Köpfe zählenden Truppenteile und ihre Hilfskräfte zu ernähren.

Das Personal – wer kämpft hier eigentlich?

Ein derart großer und bunt zusammengewürfelter Tross will gebändigt sein. Die meiste Zeit liegen Ruderer und Seesoldaten an Land, nach Völkerschaften geordnet, auf ihr jeweiliges Schiff fixiert. Wie vertreiben sie sich die Zeit? Die Kämpfer, so stellen wir uns vor, pflegen ihre Wurfspeere, ihre Bogen und Kurzschwerter, ihre Schilde. Sie üben sich im Zweikampf, halten Wettkämpfe ab. Vielleicht beklagen sie sich über das lange Warten. Die Griechen unter ihnen – und das sind nicht wenige – fragen sich, ob sie hier, auf dieser Seite des Sundes, eigentlich richtig sind. Vermutlich kämpfen auf persischer Seite mindestens so viele Griechen wie auf der anderen. Sie teilen sich denselben Götterhimmel, dieselbe Mythologie, die Herkunft als Dorier, Ionier oder Aioler. Ihr Befehlshaber zur See ist allerdings kein Grieche.

Als Admiral der Ionier (hundert Schiffe) und Karer (siebzig Schiffe) hatte Xerxes seinen Halbbruder Ariabignes mitgenommen, Sohn des Dareios und der Tochter des Dareios-Vertrauten Gobryas. Das ägyptische Aufgebot – mit zweihundert Schiffen das zweitgrößte nach den Phöniziern – befehligt der Satrap Ägyptens, Achaimenes, wie Xerxes ein Sohn des Dareios und der Atossa. Die »übrige Flotte«, so Herodot, wurde von den adligen Persern Prexaspes und Megabazos befehligt. Zu den »übrigen« Flottenteilen gehören so große Kontingente wie die Phönizier, die mit den Syrern dreihundert Trieren stellen; die Zyprioten bieten insgesamt hundertfünfzig Schiffe auf, die Kiliker hundert, die Lykier fünfzig und die Pamphylier dreißig. Dazu kommen noch Aioler, Dorier, Hellespontier und die Schiffe der Kykladeninseln. Der

Großvater des Prexaspes gleichen Namens hatte im Auftrag des Kambyses dessen Bruder Smerdis gemeuchelt, während der Vater Aspathines mit Dareios und Gobryas zu den sieben Verschwörern zählte, die den vermeintlichen Usurpator Gaumata beseitigten. Schließlich Megabazos: Sein Vater Megabates war zwanzig Jahre zuvor mit dem Milesier Aristagoras gen Naxos gefahren. Was sich daraus entwickelte, ist bekannt. Auch bei den Befehlshabern des Landheers setzt Xerxes in der Tradition seines Vaters auf die starken Bande der Blutsverwandtschaft und der Nähe zur Macht. Mardonios etwa ist der Sohn des erwähnten Gobryas, der schon Kyros gedient hatte, und einer Schwester des Dareios, somit Xerxes' Vetter.

Nach Wochen der Untätigkeit muss die Ausfahrt zur Flottenübung auf die Mannschaften wie eine willkommene Abwechslung wirken. Die Griechen glauben schon, der Feind biete ihnen die Schlacht an. Vielleicht wäre es auch dazu gekommen, wenn sie in dieser Situation in die Boote gestiegen und ohne Plan abgelegt hätten. Vor Schreck verhalten sie sich jedoch ganz still. Dabei hatten die Gegner vor allem eines im Sinn: Aufklärung. Wie viel Platz bietet uns die Meerenge zwischen Salamis und Attika? Wo sind gefährliche Untiefen? Wo genau liegen die Schiffe des Feindes? Und vor allem: Sind die landsmannschaftlich so unterschiedlichen Kontingente in der Lage, einem gemeinsamen Befehl zu gehorchen und in einer Linie zu agieren? Vor Kap Artemision jedenfalls hatte die Abstimmung nicht recht hingehauen. Jetzt allerdings gibt es keinen Grund zur Klage – der Schlachtplan ist fertig.

Der Schlachtplan der Perser

Eine zentrale Rolle spielen in diesem Plan die Phönizier. Unter den drei Reihen zu je 69 Schiffen, die zuerst in die Meerenge einfahren sollen, bilden sie die Spitze, das heißt den rechten Flügel. Unter den Phöniziern genießt die Stadt Sidon unangefochten das größte Ansehen. Erst im Mai hatte Sidon das von Xerxes veranstaltete Wettsegeln am Hellespont für sich entschieden. Auf einer sidonischen Triere hatte der Großkönig im thrakischen Doriskos die Parade der Schiffe abgenommen. Schon Homer hatte die Segelkunst der phönizischen Handelsschiffe besungen. Vor über zweihundert Jahren waren es die Phönizier, welche die ersten Trieren als äußerst wirksame Kampfmaschinen entwickelten, lange vor den Griechen. Der sidonische König Tetramnestos wird darauf bestanden haben, einen Ehrenplatz in der Flottenformation zu erhalten – noch vor dem phönizischen Rivalen aus Tyros. Der rechte Flügel ist genau nach seinem Geschmack. Auf dem linken Flügel werden die Ionier platziert, ebenfalls herausragende Seefahrer, wie die Perser schon des öfteren hatten erfahren müssen. Ionier und Phönizier geraten allerdings während der Schlacht, die sich ganz anders entwickelt als gedacht, in einen tödlichen Streit.

Von Phaleron bis in die Meerenge von Salamis ist eine Strecke von etwa fünfzehn Kilometern zu rudern – keine große Sache für eine geübte Mannschaft. Dazu kommt das Manöver Einschwenken aus einer in Kiellinie fahrenden Dreierformation um neunzig Grad in eine gemeinsame Dwarslinie – alle Schiffe nebeneinander, Bug auf gleicher Höhe nach vorn. Dann ein weiterer Schwenk zurück in die dreigeteilte Kiellinie und Rückfahrt nach Phaleron. Mit dem Heck voraus werden die Trieren auf den Strand gesetzt. Über zwei Holzleitern steigen die Soldaten, die Matrosen, Schiffsoffiziere und Ruderer aus. Sie rechnen damit, über Nacht noch einmal ausruhen zu können. Jeder einzelne kennt jetzt seinen Platz und seine Aufgabe. Mögen die Götter morgen gnädig sein.

Doch plötzlich, die Sonne ist schon hinter der Insel Aigina verschwunden, kommt erneut der Befehl »Alles auf die Schiffe!«. Jetzt steigen die Ruderer zuerst ein, hundertsiebzig Mann je Triere. Sie tragen nur ein Lendentuch um die Hüften. Auf dem Holzsitz bindet jeder sein Kissen aus Schafsfell fest, damit der Sitz nicht zu sehr scheuert, schiebt den über vier Meter langen Riemen durch die Ruderöffnung nach außen und bindet ihn mit einem Lederband am Ruderpflock fest. Dieser ist mit Hammeltalg eingeschmiert. So bewegt sich der Riemen geschmeidiger am Holz. Dann die Füße in die Halterung gesteckt – jetzt kann es losgehen. Inzwischen sind neben den Matrosen auch die Offiziere eingestiegen, darunter Kapitän und Steuermann, Rudermeister und Schiffszimmermann mit Werkzeugkiste. Zuletzt kommen die

Soldaten: die eigenen phönizischen, ionischen und anderen sowie die von den Persern eigens abgeordneten. Auf jeder Triere fahren nach dem Zeugnis des Herodot zusätzlich dreißig persische, medische oder sakische Bogenschützen mit. Laut antiken Quellen haben sie vor allem dafür zu sorgen, dass die fremden Schiffsmannschaften loyal bleiben. Neben dieser disziplinarischen Funktion ist aber nicht zu verkennen, dass durch sie die Kampfkraft der persischen Schiffe erheblich zunimmt. Normalerweise bestand die bewaffnete Besatzung einer Triere aus vier Bogenschützen und zehn Schwerbewaffneten. Unter der Voraussetzung, dass das Schiff die eigentliche Waffe bildet, reicht diese Zahl aus. Jeder zusätzliche Passagier an Bord irritiert mit seinen Bewegungen Ruderer und Steuermann. Die Planungen von Xerxes' Strategen – allesamt keine gelernten Seeleute – waren anscheinend eher auf einen Landkrieg gerichtet. Die gerammten Schiffe der Griechen sollten geentert und übernommen werden.

Den Krieg aufs Land tragen

Für diese These sprechen weitere Indizien, die sich teils aus dem Schlachtverlauf, teils aus der Aufstellung herauslesen lassen. Die 207 Schiffe der ersten Linie hatten die Aufgabe, die Griechen zu überraschen, gegen sie vorzurücken, eine geordnete feindliche Linie zu verhindern und den Gegner auf Salamis zurückzudrängen. Dann könnte die zweite Linie aufziehen, den Kampf unterstützen und bei weniger Ruderern bereits Landungstruppen mitbringen. So würde der Krieg aufs Land getragen. Die persischen Elitetruppen auf Psyttaleia, die mitten in der Nacht dort abgesetzt wurden – Aischylos lässt den Boten zu Atossa über sie sagen: »An Mut die kühnsten, an Geschlecht die herrlichsten, allzeit die allertreuesten unserem Könige« –, hätten dann mit Hilfe der Schiffe, die den westlich der Insel gelegenen Ausgang bewachten, schnell auf die Halbinsel Kynosura gebracht werden können, um von dort her die Stellungen der Griechen anzugreifen. Die von Herodot und Aischylos vermutete Aufgabe, angetriebene schiffbrüchige Griechen zu erschlagen, ergibt weder militärisch einen Sinn, noch wäre sie angemessen für ein Korps der vornehmsten Perser.

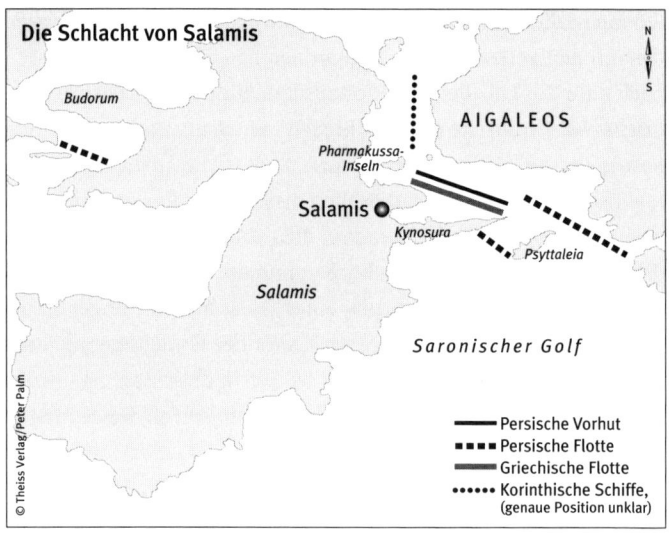

Die Nachricht von der bevorstehenden Flucht der Griechen veranlasst die persische Flottenführung indessen zu einer teilweisen Änderung ihrer Pläne. Die Schiffe, die um Salamis herum zur Bewachung der Straße von Megara geschickt werden – nach Diodoros handelt es sich um ägyptische –, waren zunächst woanders eingeteilt gewesen. Dort fehlen sie jetzt und müssen ersetzt werden. Eventuell entscheidet man sich auch erst jetzt zum Landungsunternehmen auf Psyttaleia und den Plan, von dort aus Kynosura zu besetzen. Auf alle Fälle müssen neue Befehle ausgegeben werden, von Schiff zu Schiff, in vielen verschiedenen Sprachen, mitten in der Nacht. Die neuen Direktiven verändern die Flottenbewegung, wie sie am Nachmittag geprobt worden war. Teils gibt es neue Zuordnungen, teils neue Fahrtrichtungen und taktische Schachzüge. Die persischen Admirale und ihre bis an die Zähne bewaffneten Landsleute besteigen Schiffe mit phönizischer, kilikischer, pamphylischer, ägyptischer oder ionischer Besatzung – sie können nur hoffen, dass alle verstanden haben, wo es lang geht. Während der Nacht bleibt die Streitmacht auf dem Wasser in Lauerstellung. Für die Ruderer heißt das: ständige

Bereitschaft, Halten der Formation, Ausgleichen jeder Brise. Für Proviant ist an Bord der Trieren kein Platz, Aufstehen oder Schlafen ist ebenso unmöglich. Noch vor Sonnenaufgang beginnt die Vorhut der 207 Schiffe wie vorgesehen in drei Reihen zu je 69 in westlicher Richtung in den Sund einzulaufen. Sie muss damit rechnen, einen in Auflösung begriffenen Feind anzutreffen.

Eine Schlacht voller Rätsel

Vor dem dunklen Aigaleos-Hügel, hinter dem die Sonne aufgeht, sind die einlaufenden feindlichen Schiffe so gut wie unsichtbar für griechische Augen. Auch von dem goldenen Thron auf dem Aigaleos sehen die verbündeten Griechen vorläufig nichts. Von hier aus wird später der König aller Könige das Spektakel vor Salamis mit wachsender Wut begleiten. Doch die Eidgenossen müssen nicht alles mit eigenen Augen sehen, um dennoch Bescheid zu wissen. In letzter Sekunde einigten sie sich auf eine gemeinsame Linie. Nun sind sie vorbereitet und legen ihr Schicksal in die Hand des Themistokles. Kurz nach sechs Uhr, es wird gerade hell, hält der Athener vor den versammelten Schiffssoldaten eine Motivationsrede. Auch andere Redner sprechen zu den Männern, berichtet Herodot – vermutlich auch Eurybiades, der spartanische Oberbefehlshaber. Themistokles habe die passendsten Worte gefunden: »Er stellte alle guten und schlechten Regungen, zu denen die Natur des Menschen fähig ist, einander gegenüber und ermahnte sie, immer das gute Teil zu wählen.« Als er gerade schließt mit dem Befehl, die Schiffe zu besteigen, trifft aus Aigina das Schiff mit den Kultgegenständen der Aiakiden ein. Diese Meldung findet sich allerdings nur bei Herodot. Die nahe liegende Frage, wie das Schiff jetzt noch durch die feindlichen Linien kommen konnte, stellt er nicht. Zu positiv ist das Signal, das von der Nachricht ausgeht.

Der genaue Ablauf der Schlacht bei Salamis wird für immer ein Rätsel bleiben. Welches Kontingent hat wo gestanden und welche Heldentaten vollbracht? Jede Landsmannschaft hat hernach ihre eigene Legende gestrickt. Die Athener verleumdeten die Korinther, sie hätten noch vor der Schlacht die Flucht ergriffen. Dagegen verwahrte sich schon Herodot. Inschriften bezeugen den

Die Triere – Entwicklung, Bauweise, Besatzung

Bis in die Zeit der römischen Vorherrschaft bildete die Triere, der Dreiruderer, das Rückgrat aller Kriegsflotten. Die ersten Trieren wurden um 700 v. Chr. von Phöniziern entwickelt. In Griechenland soll um 600 Periandros, Tyrann von Korinth, die Triere eingeführt haben. Die griechischen Kolonien hatten zu einem stark gestiegenen Bedarf an Baumaterial, Metall, Getreide und Handwerkern in der Mittelmeerwelt geführt. Auch im Mutterland wuchsen die Poleis weiter. Wie Athen waren sie zunehmend auf Getreideimport angewiesen. Die internationalen Handelsrouten mussten aber vor Überfällen oder Blockaden geschützt werden. Dies geschah teils durch eigene Stützpunkte – zum Beispiel Athens am Hellespont –, teils durch den Aufbau einer Flotte von Kriegsschiffen des neuen Typs (Samos, Milet, Aigina). Der Fünfzigruderer, die *Pentekontere*, wurde zwar auch noch gegen die Perser vor Salamis eingesetzt, doch das war bereits die Ausnahme.

Auf jeder Seite der Triere wurden drei Reihen Ruderer untergebracht, die versetzt zueinander angeordnet waren. Die oberste Reihe, die *Thraniten* (62 Ruderer), saß in einem Ausleger über dem Wasser und hatte als einzige die Möglichkeit, nach draußen zu sehen. In der mittleren (54 *Zygiten*) und der unteren Reihe (54 *Thalamiten*) konnte nur nach Gehör und Absprache gerudert werden. Jeweils drei Ruderer, einer aus jeder Reihe, mussten ein Team bilden. Die Riemen waren gleich lang – ca. 4,20 Meter – und durften sich nicht gegenseitig behindern. Das gelang nur, wenn der oberste Ruderer seinen Riemen genau zwischen denen seiner beiden Kollegen eintauchte. Die Ruderer saßen auf fest montierten Holzbrettern. Kleine Leisten verhinderten das Wegrutschen. Die Füße wurden mit Lederriemen fixiert.

Kapitän des Schiffs war der *Trierarch*. Er übte in Athen ein Jahr lang eine öffentliche Aufgabe aus (»*Leiturgie*«) und musste dafür Geld mitbringen. Zwar wurde das Schiff von der Polis gestellt, doch der Trierarch hatte für dessen Ausstattung zu sorgen. In der Praxis zahlte er auch den Sold und den Lebensmittel-Zuschuss für die Ruderer. Im 5. Jahrhundert standen einem Ruderer täglich drei *Obolen* zu, im 4. Jahrhundert eine Obole mehr – kaum genug zum Überleben. Insgesamt konnte der Unterhalt einer Triere hundert Drachmen am Tag kosten. Athen stellte vor Salamis 180 Schiffe. Dafür waren pro Tag drei Talente fällig.

Schiffsführer war der Steuermann, unterstützt vom Bugmaat. Er erteilte dem Rudermeister, der die Ruderer anzutreiben hatte, Befehle. Ein Flötenspieler gab den Takt vor, manchmal stimmte die ganze Mannschaft auch einen rhythmischen Sprechgesang an oder ein Summen. Der Zahlmeister verwaltete Einkünfte und Zahlungen. Ständig gefragt war der Schiffszimmermann, nicht nur im Falle eines Wassereinbruchs durch Rammstoß. In seinem Werkzeugkasten verwahrte er Hammer, Meißel, Stechbeitel, Pfriem, Messer, Bohrer, Axt, Feilen, Säge und Nägel. Zehn Matrosen bedienten die Segel – nur auf längeren Fahrten –, schöpften Wasser, unterstützten die Navigation oder griffen als Reserveruderer ein. Vier Bogenschützen und zehn Hopliten hielten sich an Deck auf.

Die Triere ist etwa 35 Meter lang und bis zu 5,50 Meter breit. Sie ragt mit der obersten Kante etwa drei Meter aus dem Wasser und hat einen Tiefgang von etwa einem Meter. Besonders schnelle Schiffe wurden aus Fichte gebaut, in Syrien und Phönizien auch aus Zedernholz. Laut Platon verfügte die Gegend um Athen über kein nennenswertes Schiffsbauholz. Das Flottenprogramm des Themistokles wird also zu einem regen Import von Holz aus Thessalien, Makedonien, Süd- und Mittelitalien geführt haben, wo es neben Kilikien und Phönizien die besten Hölzer gab. Das notwendige Kupfer und Eisen mussten aus Zypern, Etrurien und Spanien eingeführt werden. Auf den Schiffbau spezialisierte Handwerker wurden mit Steuerfreiheit gelockt.

großen Anteil der Korinther am Erfolg. Der Augenzeuge Aischylos lieferte in seiner Tragödie »Die Perser« acht Jahre nach der Schlacht natürlich keine exakte Rekonstruktion, schließlich saßen im Publikum viele Kriegsteilnehmer, welche die Situation vor Augen hatten, während auf der Bühne eine künstlerische Verarbeitung des epochalen Ereignisses gegeben wurde. Aischylos konnte sich keine groben Fehler erlauben, zugleich musste er nicht alles haarklein erklären. Herodot hatte entweder kein Interesse oder keinen ausreichenden militärischen Hintergrund, um Schlachten in ihrem Verlauf genauer nachzuzeichnen. Vielleicht klaubte er aus den unterschiedlichen Versionen, die ihm präsentiert wurden, auch nur die wahrscheinlichsten heraus, um nicht auf jedes Seemannsgarn hereinzufallen. Diodoros stützt sich in seiner Darstellung vor allem auf Ephoros von Kyme, der im 3. Jahrhundert v. Chr. eine Universalgeschichte schrieb. Kyme war persischer Flottenstützpunkt, von daher sind einzelne statistische Angaben, zum Beispiel über Schiffsverluste, vermutlich nicht ganz aus der Luft gegriffen. Plutarch studierte eine Vielzahl heute verlorener Historiker der Perserkriege, auch Aischylos und Herodot. In seinen Biographien stellt er indessen das anekdotische Element in den Vordergrund. Eine Gesamtdarstellung der Schlacht hat keinen Platz. Wissenschaftler unserer Tage stellen aus allen vorhandenen Puzzleteilen, zu denen auch Inschriften und archäologische Funde gehören, ihr je eigenes Bild zusammen. Die folgenden Erkenntnisse sind inzwischen allgemein anerkannt.

Die Perser treffen im Morgengrauen wider Erwarten auf wohlvorbereitete Griechen. Von diesen werden sie mit diszipliniert und hartnäckig vorgetragenen Angriffen buchstäblich aus der Fassung gebracht. Die Perser verlieren ihre Schlachtlinie, behindern sich gegenseitig. Von außen drängen immer mehr Schiffe nach, wodurch ihre Manövriermöglichkeiten geringer werden. Von Westen her bringen vermutlich korinthische Schiffe die phönizischen Trieren in Unordnung. Der Kampf dauert vom Tagesanbruch bis zum Sonnenuntergang. Am Nachmittag gehen die Griechen zur Verfolgung über, weil die Perser wenden und aus dem Sund hinausdrängen. Dabei rammen diese eigene Kampfgefährten, die in die Meerenge hineinfahren wollen. Aristeides landet mit einem

Kommandotrupp auf der Insel Psyttaleia und macht die dort stehenden Perser Mann für Mann nieder. Am Ende des Tages ist der Sund bedeckt mit Leichen und Wrackteilen. Was von der Perserflotte übrig ist, hat sich nach Phaleron gerettet. Die Griechen ziehen sich nach Salamis zurück und sind unsicher über den Ausgang der Schlacht.

Schock im Morgengrauen

Für die Besatzungen der persisch kontrollierten Schiffe muss es ein Schock gewesen sein: Noch ehe sie die Griechen in den Blick bekommen, hören sie deren Kriegsgeschrei. »Da schallt fernher von den Hellenen freudiger Gesang herüber,« dichtet Aischylos, »und das Kriegslied jauchzt zurück des felsgen Eilands tausendstimmiger Widerhall«. Auch als Kriegsteilnehmer konnte der Dichter natürlich in diesem Moment nicht in die Gesichter der Feinde sehen, doch der Eindruck, den der von den Griechen angestimmte Paian hinterließ, kann nur gewaltig gewesen sein. Jetzt ist klar: Nicht Hasenfüße auf der Flucht gilt es heute zu jagen, sondern den Kampf zu bestehen gegen hochmotivierte und gut gerüstete Feinde, die ihre Heimat verteidigen. Und das haben diese sich auch lautstark zugerufen, wie Aischylos vermerkt: »Auf, o Hellas' Söhne, kommt! Das Vaterland befreit, befreiet Weib und Kind, befreit der heimatlichen Götter teuren Sitz, der Väter Gräber! Jetzt um alles kämpfen wir!«

Das Verhalten der Korinther, die mit ihren fünfzig Schiffen geflohen sein sollen, könnte so interpretiert werden: Aus Sicht der persischen Flotte sind sie, scheinbar auf der Flucht in Richtung Westen, aus dem Sund hinausgefahren, vorbei an der heutigen Insel St. Georgios. Vermutlich engte damals – der Wasserspiegel lag ja über einen Meter tiefer als heute – eine weitere flache Insel den schiffbaren Raum ein. Beide zusammen bildeten wahrscheinlich die später sogenannten Pharmakussa-Inseln. Vielleicht verließen einzelne Trieren schon jetzt die eingeübte Schlachtordnung, um die Flüchtenden einzuholen gemäß der Weisung des Xerxes, niemanden entkommen zu lassen. Allerdings hätte ihnen klar sein können, dass der westliche Ausgang von eigenen Schiffen versperrt war und die Flüchtenden nicht weit kommen konnten – falls sie davon überhaupt unterrichtet waren. Später drehen die Korinther dann um, navigieren halsbrecherisch zwischen den Pharmakussa-Inseln hindurch und attackieren die Phönizier auf dem rechten persischen Flügel von der Seite. Damit zerstören sie die gegnerische Schlachtordnung endgültig. Auf dem linken griechischen Flügel stehen inzwischen die Athener (180 Schiffe) und die Aigineten (30) mit dem weitaus größten Kontingent den Phöniziern gegenüber, dem besten Flottenteil der Perser. Als erste angegriffen zu haben nehmen zu Herodots Zeiten beide alten Rivalen für sich in Anspruch. Auf athenischer Seite sind sogar die Namen zweier Schiffsführer überliefert, die als erste ihre Rammsporne in die Flanken gegnerischer Trieren getrieben haben wollen: Ameinias bei Herodot und Lykomedes bei Plutarch. Den Aigineten zufolge wurde aber ihr nach den Aiakiden geschicktes Schiff zuerst in Kampfhandlungen verwickelt – was glaubhaft ist, denn es musste sich ja erst zu den Verbündeten durchkämpfen.

Blut, Schweiß und Tod

Die Frage, wer als erster zugeschlagen hat und wer sich am tapfersten hielt, hatte für die Menschen der Antike eine kaum zu überschätzende Bedeutung. Die Schiffsführer versuchten die Schnäbel der von ihnen eroberten Schiffe zu erbeuten und weihten sie dann ihrem örtlichen Heiligtum oder sogar dem Apollon von Delphi, mit entsprechender Inschrift natürlich. Was uns angesichts des erbittert geführten Krieges wie ein grotesker sportlicher Wettkampf anmutet, machte für den Griechen des 5. Jahrhunderts v. Chr. den Unterschied zwischen unsterblichem Ruhm und Bedeutungslosigkeit aus. Ameinias und Lykomedes haben es, so gesehen, zu Unsterblichkeit gebracht. In der traditionellen Schlachtreihe zu Lande galt der rechte Flügel als der ehrenvollste. Dementsprechend standen hier ihrem Rang unter den Griechen gemäß die Lakedaimonier – nicht gerade die angesehensten Seeleute. Ihnen gegenüber die Ionier. Nein, beteuert Herodot, die Ionier hätten sich nicht absichtlich schlecht gehalten, wie von Themistokles gewünscht. Er nennt sogar die Namen zweier ionischer Schiffsführer, die von Xerxes wegen ihrer Verdienste vor Salamis als »Wohltäter des Königs« mit Land und Posten belohnt wurden. Herodot schreibt mit Bedacht. Zur Zeit seiner Recherchen gehörten die ionischen Städte natürlich längst dem athenischen Imperium des delisch-attischen Seebundes an. Der Historiker wird also schwerlich jemanden gefunden haben, der sich öffentlich seiner oder seines Vaters Heldentaten gegen die Griechen rühmen wollte. Zwar behauptet er, viele Namen von ionischen Schiffsführern nennen zu können, »die hellenische Schiffe erobert haben«, doch er belässt es bei den beiden, die aufgrund ihrer Stellung im persischen Reich ohnehin diskreditiert waren.

Nach dem ersten Schock müssen die persischen Admirale den ursprünglichen Plan fallen lassen: Die Griechen zwischen St. Georgios und der Halbinsel Kynosura einzuschließen und auf Salamis zurückzudrängen ist nicht möglich. Stattdessen sehen sie, wie sich der Feind in perfekter Schlachtordnung nähert, dann leicht zurückzieht, um schließlich entschlossen zuzustoßen. Dabei halten die Griechen ihre Reihen dicht wie seinerzeit die Hopliten-Phalanx bei Marathon. Die erste Linie auf persischer Seite kann sich nicht wie gewünscht nach vorn bewegen, sie wird vor Attika festgehalten und attackiert. Gemäß dem verabredeten Schlachtplan drängen aber bereits weitere Schiffe von Südosten her in den Sund, um sich hinter der ersten Linie aufzustellen. Einen Plan B gibt es nicht. Ob ein solcher jetzt noch hätte umgesetzt werden können, steht auf einem anderen Blatt. Nach Darstellung aller Quellen gerät die Ordnung der Perser zunehmend durcheinander. Der frische Wind, den Plutarch am Morgen blasen lässt und der dazu geführt haben soll, dass sich die phönizischen und ionischen Trieren querstellten, so dass die Griechen dankbare Ziele für ihre Rammsporne hatten – dieser Wind wäre gar nicht nötig gewesen. Das Chaos in der Vielvölkerflotte treibt auch ohne ihn seltsame Blüten: Phönizische Schiffsführer beklagen sich während der Schlacht bei Xerxes über ihre ionischen Kollegen, diese seien nicht loyal, ihretwegen hätten sie, die Phönizier, ihre Schiffe verloren. Der König thront über der Bucht, umgeben von Schreibern und professionellen Beobachtern. Sie notieren die Bewegungen einzelner Schiffe, halten Erfolge und Misserfolge mit Namen, Vatersnamen und Stadt des Schiffsführers

Die Triere als Kampfmaschine

Die Triere war im Vergleich zur archaischen Zeit ein ganz neuer Schiffstyp. Früher warfen die Soldaten ihre Waffen aus dem Inneren des Schiffes, an dessen Rändern die Ruderer saßen, oder sie sprangen zum Entern heraus aufs gegnerische Boot. Bei der Triere ist das Schiff selbst die Waffe, vor allem durch den Rammstoß mit dem bronzeverkleideten hölzernen Sporn, der verlangt, dass die Rudermannschaft aus dem Stand innerhalb von sechzig Sekunden auf eine Geschwindigkeit von bis zu zehn Knoten beschleunigt. Tests haben gezeigt, dass dies bei voller Besetzung aller Ruderbänke möglich ist. Bis zu fünfzig Schläge pro Minute vollführt der einzelne Ruderer in dieser Phase. Die Männer hören nur auf das Signal des *Auletes*, des taktgebenden Flötenspielers, und des Rudermeisters, der sie anfeuert. Frischluft ist Mangelware. Das Kleinklima unter Deck, wo 170 Männer schwitzen und rudern, rudern und schwitzen, ohne zu wissen, ob sie nicht gleich selbst von der Seite gerammt und getötet werden – diese Atmosphäre wollen wir uns gar nicht ausmalen. An Deck behält der Steuermann die eigene Linie im Auge, beobachtet den Feind und entscheidet in Sekundenbruchteilen über Angriff oder Rückzug. Vier Bogenschützen decken ihn gegen feindliche Speere und Pfeile. Die Schwerbewaffneten haben Mühe, sich festzuhalten. Zumindest die griechischen Trieren hatten keine Reling oder Schanzwehr. Die Hopliten sitzen also und treten erst dann in Aktion, wenn ein Gegner gerammt wurde. Entweder entern sie dann das Schiff oder sie unterstützen mit ihren Waffen den Rückzug. Laut Thukydides lernten die Griechen erst viel später, den Speer im Sitzen zu schleudern, denn im Moment des Aufpralls, der nicht zu tief gehen darf, gibt der Steuermann schon wieder den Befehl, zurückzurudern und sich zu lösen. Ein fünfzig Tonnen schweres Schiff hat bei zehn Knoten eine Kraft von 66 Tonnen. Das gerammte Schiff bewegt sich zwei bis drei Meter zur Seite – um sich den Rammsporn nicht abreißen zu lassen, muss der Angreifer die Bewegung des Ziels aufnehmen. Der Rammstoß führte zu einem Loch knapp über der Wasserlinie – Ruderer wurden unmittelbar getötet, schwer verletzt, von ihren Sitzen gerissen. Gesunken ist die Triere damit nicht, sie war nur beschädigt. Deshalb war der Schiffszimmermann mit seinen Gehilfen einer der wichtigsten Männer an Bord. Die schlimmsten Verletzungen der Außenhaut wurden erst einmal notdürftig geflickt. Trotz Wassereinbruchs konnte die Kampfmaschine also weiterfahren. Nach jeder Schlacht wurden die auf der Oberfläche treibenden Wracks und Rammsporne geborgen und für den nächsten Einsatz repariert.

Der gefürchtete Durchbruch durch zwei feindliche Schiffe scheint vor Salamis keine Rolle gespielt zu haben. Beim *diekplous* kommt es darauf an, mit rechtzeitig eingezogenen Riemen so zwischen zwei feindlichen Schiffen durchzufahren, dass deren Riemen abbrechen. Dass deren Ruderer dabei empfindlich verletzt werden können, versteht sich von selbst. Der Gegner ist manövrierunfähig und treibt hilflos auf dem Wasser. Vor Kap Artemision, berichtet Herodot, wollten die Griechen mit ihrem provozierenden Vorstoß am ersten Tag herausfinden, wie gut die Perser den *diekplous* beherrschten. Danach ist nie wieder davon die Rede. 494 v. Chr., als sich die aufständischen Ionier auf die Seeschlacht bei Lade vorbereiteten, zwang sie der Phokaier Dionysios zum täglichen Training des Durchbruchsmanövers. Wenn ihr die Grundregeln im Nahkampf mit der Triere nicht beherrscht, sagte er, dann könnt ihr angesichts der ungleich erfahreneren Gegner gleich aufgeben. Sieben Tage hielten seine Kampfgenossen die Plackerei aus. Am achten drehten sie dem Dionysios eine lange Nase, »hielten sich an Land im Zelt, im Schatten auf und hatten keine Lust mehr, auf die Schiffe zu gehen und sich zu üben«. Natürlich ging die Schlacht verloren, wenn auch nicht nur wegen des Trainingsrückstands.

akribisch fest. Als sich die Phönizier beschweren, so wurde Herodot später erzählt, rammt gerade ein Schiff aus dem ionischen Samothrake eines aus Athen. Eine aiginetische Triere eilt dem Athener zu Hilfe, rammt die Samothraken ihrerseits und droht sie zu versenken. Da werfen die Samothraken ihre Speere, entern das feindliche Schiff und übernehmen es. »Dieser Vorfall«, schreibt Herodot, »rettete die Ionier«, während die verärgerten Phönizier einen Kopf kürzer gemacht wurden.

Die Perser können ihre zahlenmäßige Überlegenheit nicht in einen Vorteil verwandeln, vielmehr erwächst ihnen daraus der entscheidende Nachteil: Weil die Griechen auf den Angriff vorbereitet sind und aufgrund der List des Themistokles ihre Gegner täuschen konnten, gelingt es ihnen, die Initiative zu ergreifen. Sie kennen außerdem die Gewässer vor Salamis besser und nutzen diesen Vorteil aus. Letztlich darf auch das psychologische Moment nicht vergessen werden: Die Griechen auf Seiten der Eidgenossen kämpfen um ihre Heimat, um ihre Frauen und Kinder, um die Stätten ihrer Vorfahren. Die Schiffsmannschaften auf persischer Seite kämpfen unter dem Zwang der Peitsche, in dem Bewusstsein, vor den Augen des Königs das Äußerste geben zu müssen, um nicht wegen Feigheit hingerichtet zu werden. Auch insofern fühlen sich die Schiffsführer, die noch draußen vor dem Sund warten und nicht wissen, was drinnen vor sich geht, verpflichtet, nach vorn zu drängen und zu zeigen, wessen sie fähig sind. Je weiter der Tag fortschreitet, desto mehr müssen sie sich wundern über verbündete Schiffe, die scheinbar planlos herumtreiben, ihnen sogar in wilder Flucht entgegenkommen und sich den Weg frei rammen.

Wie beim Thunfischfang

»Doch gleich wie auf Thunfische oder auf ein Volk von ziehenden Fischen schlugen, stießen, schleuderten sie zerbrochne Ruder und Gebälk; dazu erfüllt die weite See Wehklage rings und Angstgeschrei, bis dass dahin sie nahm der dunkle Blick der Nacht.« So schildert Aischylos die Szenerie, als der Tag sich neigte und die Perserschiffe »in wilder Flucht« fortruderten, raus aus der Meerenge, weg vom Schlachtfeld. Die See ist inzwischen bedeckt mit Wracks, Brettern, Schiffsschnäbeln, die vor sich hintreiben, mit Resten von Rudern, Rammspornen und Waffen. Dazwischen Leiber und vom Rumpf getrennte Gliedmaßen. Nackte Körper, deren Herkunft nicht mehr erkennbar ist. Reste von Brustpanzern, Tuniken und Turbanen an aufgedunsenen Torsi. Die meisten feindlichen Krieger, weiß Herodot, sind ertrunken, weil sie nicht schwimmen konnten. Die Hellenen jedoch retten sich, einmal ins Wasser gestoßen, ans eigene Ufer. An den Stränden von Salamis stehen griechische Soldaten. Sie erschlagen jeden, der hier anlandet und als Feind identifiziert wird.

Dieselbe Aufgabe ist angeblich dem persischen Elitekorps zugedacht, das nachts auf Psyttaleia abgesetzt worden war. Wie gesehen, wird ihre Mission jedoch eine andere gewesen sein: Es sollte sich bereithalten für eine Invasion von Salamis. Dazu ist es nie gekommen – im Gegenteil. Aristeides stellt sich ein Kommando zusammen, setzt auf Psyttaleia über, schleicht sich an den jugendlichen Stolz Persiens heran und schlägt die Truppe unerbittlich, »bis den Armen allen aller Lebenshauch entflohn« (Aischylos). Wenn dem Dichter in der Rückschau das Bild vom Thunfischfang in den Sinn kam, dürfen wir uns das Kriegsgeschehen am späteren Nachmittag ungefähr so vorstellen: Die Griechen (womöglich die Korinther) sind am rechten Flügel der Perser inzwischen hinter die feindlichen Linien gelangt. Wie bei einem Schleppnetz ziehen sie jetzt die Schlinge zusammen und treiben die Feinde in Richtung Südosten auf immer engerem Raum vor sich her. In Panik wenden die Phönizier, Ionier und wer sonst noch dazugekommen ist und bieten den Griechen dabei ihre Flanken zum Stoß dar. Wer noch manövrieren kann, denkt in erster Linie an Flucht. Dabei kann jetzt keine Rücksicht mehr genommen werden auf die nach wie vor in die Meerenge einfahrenden Verbündeten. Schiffbrüchige, die sich an Wrackteilen festklammern, bekommen die Ruder der kämpfenden Trieren zu spüren, werden von der bewaffneten Besatzung unter Beschuss genommen. Für die Griechen erweitert sich der Raum jetzt entscheidend. Herodots Anekdotenschatz hält ein angebliches verbales Scharmützel zwischen Themistokles und dem Anführer der ehemals verfeindeten

Aigineten parat, ausgetragen in ausgelassener Stimmung über zwei Schiffe hinweg, während man Jagd auf Feinde machte …

Heulen und Wehklagen in Susa

Bis Sonnenuntergang soll das Gemetzel angedauert haben, mehr als zwölf Stunden. Xerxes, wohlbehütet auf dem Hügel, wird seinen Augen nicht getraut haben – der Schock über den Verlauf der Schlacht macht ihn fassungslos und lässt ihn zweifeln, ob er sein Kriegsziel noch erreichen kann. Obgleich die Zahl der übrig gebliebenen Schiffe noch beträchtlich gewesen sein muss – Diodoros spricht von zweihundert verlorenen Trieren auf Seiten der Perser, bei den Griechen seien es nur vierzig gewesen –, macht der König nun einen Rückzieher. Die Phönizier werden sofort ins östliche Mittelmeer geschickt. Womöglich sollten sie dort als eine Art Polizeipatrouille für Ruhe sorgen. Die restliche Flotte segelt zunächst an den Hellespont, um die beiden Schiffsbrücken zu sichern, doch die sind durch die Gewalt eines Sturms inzwischen zerstört. Erneut setzt Xerxes eine Stafette von Boten gen Susa in Gang. Beim Eintreffen der Nachricht »Athen ist zerstört« hatten die Perser alle Straßen mit Myrrhe bestreut, Räucherwerk angezündet und Opfer gebracht – jetzt allerdings, das wird Herodot bei einer seiner Reisen aus erster Hand erfahren haben, zerrissen sich alle die Kleider, und ein endloses Heulen und Wehklagen hob an.

Die Griechen, als sie die Feinde aus der Meerenge hinausgetrieben hatten, wussten nicht, wie sie die Lage einschätzen sollten. Sie rechneten mit einem neuen Angriff am nächsten Tag und hielten sich entsprechend bereit. Offenbar begannen die Perser auf Höhe der Pharmakussa-Inseln einen Damm aufzuschütten und eine Schiffsbrücke aus Lastkähnen zu errichten – die Griechen sollten wohl den Eindruck bekommen, der Kampf gehe tatsächlich weiter. Indessen war Zeitgewinn die eigentliche Absicht des Manövers, schließlich hatte auch das Landheer seinen Marsch abgebrochen und stand noch an Ort und Stelle. Doch dann die Überraschung: Kein persisches Schiff ist zu sehen, kein neuer Angriff zu erwarten. Der Strand vor Phaleron ist leer. Jetzt ist endgültig klar: Die Schlacht ist gewonnen. Aber gilt das auch für den Krieg?

+++ Hellas befreit, Griechenland entzweit +++

Der griechische Erfolg vor Salamis traf nicht nur Xerxes und die Perser bis ins Mark, auch die Griechen hatten zunächst keine Vorstellung davon, wie es weitergehen sollte. Die Rückkehr der Gefahr im Jahr eins nach Salamis schweißte die Hellenen über alle Gegensätze hinweg noch einmal zusammen. Aber schon bald wurde vor allem zwischen Athen und Sparta die Luft immer dünner, bis die Eidgenossenschaft schließlich zerbrach. Der Dualismus zwischen See- und Landmacht bestimmte die nächsten Jahrzehnte. Vor dem Hintergrund fast ständiger Kriege und unfassbar verlustreicher Schlachten entwickelte sich Athen gleichzeitig zum unumstrittenen kulturellen und politischen Zentrum Griechenlands.

Von der Defensive in die Offensive – der Kampf geht weiter

Die Flucht der Perser kam für die vereinigten Griechen einigermaßen überraschend. Hatte der Feind nicht das größere Heer, die überlegene Flotte, die bessere Stellung? Nein, wohl nicht. Über die Verluste auf beiden Seiten lässt sich nur spekulieren. Wenn Diodoros richtig liegt, dann verlor die persische Flotte zweihundert ihrer fast tausend Schiffe, die Griechen dagegen nur vierzig von über dreihundert. Damit ist wenig gesagt über die Gefallenen – laut Aischylos starben noch nie an einem einzigen Tag so viele Menschen. Doch Aischylos ist Dramatiker und kein Geschichtsschreiber. Xerxes jedenfalls beurteilte die verbliebene Kampfkraft der Flotte nach Salamis so negativ, dass er den Krieg für dieses Jahr beendete. Attika war zerstört und abgebrannt, also zog sich die Armee zur Überwinterung nach Thessalien zurück, wo Perserfreunde die Zügel in der Hand hielten. Mardonios wählte die aus seiner Sicht besten Truppenteile aus. Herodot zufolge war kein Kontingent größer als das persische. Mardonios geht also auf Nummer sicher. Bezeichnend ist, dass er die ägyptischen Seesoldaten von ihren Schiffen abzieht und seinem Heer eingliedert – offensichtlich eine Präventivmaßnahme gegen allzu aufrührerische »Mitstreiter«. Mit der dezimierten, aber immer noch gewaltigen Streitmacht will Mardonios im Folgejahr die Eroberung ganz Griechenlands vollenden. Der Rest flieht mit Xerxes unter teilweise chaotischen, von Hunger, Krankheiten und ständigen Partisanenangriffen gekennzeichneten Umständen zum Hellespont. Die berühmten Brücken sind indes zerstört. Per Schiff setzt der Großkönig Ende November 480 über und richtet sich für das ganze nächste Jahr in Sardeis ein. Er wird begleitet von den Elitetruppen der »Unsterblichen«. Sie müssen die östlichen Griechen in Schach halten. Dieselbe Aufgabe wird der Flotte zugewiesen. Auf die hellenischen Schiffsbesatzungen ist kein Verlass mehr.

Xerxes' diplomatische Offensive

Themistokles, der Vater des historischen Erfolgs, möchte jetzt am liebsten den Sack zumachen. Er drängt darauf, sofort an den Hellespont zu segeln, die Brücken abzubrechen und dem Feind damit den Rückweg abzuschneiden. Doch dieses Mal setzen sich seine Gegner durch, angeführt von Eurybiades, dem spartanischen Oberbefehlshaber: Dem ist es lieber, die Perser ziehen ab. Würden sie in Griechenland festgehalten, hätte das unabsehbare Folgen für Hellas, so sein Argument, dem die Mehrheit folgt. Man tagt auf der Kykladeninsel Andros, die es mit den Medern gehalten hatte. Die als Strafaktion gedachte Belagerung endet jedoch erfolglos. Immerhin gelingt es noch, von anderen Inseln, die sich Xerxes gefügt hatten, dringend benötigtes Geld einzutreiben. Karystos auf Euboia wird zusätzlich zerstört. Zurück auf Salamis teilen sich die Griechen ihre Beute und schicken Weihegaben nach Delphi. Da im Winter keine Kampfhandlungen stattfanden, konnte sich der Hellenenbund in Ruhe am Isthmos treffen, um sich selbst zu feiern. Der Ehrenpreis musste vergeben werden für denjenigen, der sich im Krieg als am würdigsten erwiesen hatte. Die Feldherren der einzelnen Bundesgenossen gaben ihre Stimme ab, und siehe da: Auf jeden Feldherrn entfiel genau eine Stimme. Das, so erzählt Herodot mit einem Seufzer zwischen den Zeilen, sei zu erwarten gewesen. Daher wurde gleichzeitig darüber abgestimmt, wer den zweiten Preis erhalten sollte. Hier entfielen die meisten Stimmen auf Themistokles. Der Athener ließ sich anschließend auch noch in Sparta feiern »und mit vielen Ehren überhäufen«, während seine Landsleute sich in den Ruinen notdürftig einzurichten versuchten, die der Perser übrig gelassen hatte. Die Ernte dieses Sommers war vernichtet, fürs kommende Jahr konnte nicht mehr ausgesät werden. Athen war auf Hilfe von außerhalb angewiesen sowie darauf, dass die Belieferung mit Weizen aus dem Pontos-Gebiet wieder anlief. Genaueres über diese schwere Zeit ist nicht bekannt.

Dokumentiert ist aber, wie der persische Oberbefehlshaber Mardonios den Winter über versuchte, diplomatisch in die Offensive zu gehen. Er schickte König Alexandros von Makedonien vor, einen Gastfreund der Athener, und unterbreitete ihnen ein scheinbar verlockendes Angebot: Xerxes vergibt ihnen die Schuld, die sie gegen die Perser auf sich geladen haben, er hilft ihnen sogar, ihre Tempel wieder aufzubauen und gibt ihnen außer ihrem eigenen noch ein weiteres Land ihrer Wahl, das sie beherrschen könnten. Sie müssten nur ein Militärbündnis mit ihm abschließen – als »freie Männer«. Darunter wird man sich einen halbautonomen Status vorstellen müssen, wie Kilikien ihn genoss oder Milet unter Kyros. Als Anlage heftete Mardonios seinem Angebot eine Drohung bei: Auf Dauer könnt ihr dem Heer des Xerxes niemals widerstehen, also seid vernünftig! Aus Sicht des Persers ein logischer Schachzug – ginge Athen darauf ein, wäre Hellas bald untertan. Im Bund mit der größten griechischen Kriegsflotte ließe sich die Peloponnes von Land und See in die Zange nehmen. Die Ägäis stünde Xerxes auf Dauer zu Gebote. Und vor allem: Ohne Athen wäre die Kampfkraft des Hellenenbundes nur noch die Hälfte wert. Sparta bekam Wind von der Offerte und schickte eine eigene Delegation nach Attika, um die Bundesgenossen vom Anschluss an den Perser abzuhalten. Die Athener wiesen beide zurück. »Solange die Sonne ihre Bahn wandelt wie bisher«, würden sie mit Xerxes keinen Frieden machen, beschieden sie Alexandros und Mardonios. Sie wollten lieber ihre Freiheit behalten. Und an die Adresse der Spartaner hieß es: »Wir sind mit den Hellenen eines Blutes und einer Zunge und haben dieselben Heiligtümer und Feste der Götter und die gleichen Sitten – dies alles sollten die Athener vergessen und verraten?« Niemals würden sie das tun, solange es noch einen Athener gebe. Die Wortwahl mag Herodot von der späteren athenischen Propaganda diktiert worden sein, Tatsache bleibt, dass sich die Bürger der Stadt trotz der gerade erst erfahrenen extremen Not und der vielen Toten für die Freiheit und den dafür notwendigen Kampf entschieden. So hatten sie ja vor Salamis die Oberhand behalten. Warum sollten sie also preisgeben, was unter großen Opfern verteidigt worden war?

Gemeinsam schlägt sich's besser – Plataiai und Mykale

So nehmen die Dinge ihren Lauf. Im Sommer rückt das Perserheer erneut gegen Attika vor. Noch hoffen die Athener, aus der Peloponnes würde ihnen Hilfe geschickt, doch die Hoffnung trügt. Als Mardonios in Boiotien steht, begeben sich die Athener zum zweiten Mal binnen eines Jahres in ihre Schiffe und setzen mit Mann und Maus nach Salamis über, nicht ohne sich in Sparta zu beschweren. Mardonios findet eine leere Ruinenstadt vor. Noch einmal macht er den Versuch, die Athener zu einem Bündnis zu überreden. Als ein athenischer Ratsherr es wagt, sich öffentlich dafür einzusetzen, wird er von aufgebrachten Landsleuten samt seiner Familie gelyncht. Inzwischen haben sich die Spartaner – nach einer dringenden Intervention Athens – entschlossen, trotz ihrer schönen Mauer am Isthmos auszurücken und im Verein mit den Bundesgenossen den Entscheidungskampf zu suchen. Mardonios lässt jetzt in Attika endgültig zerstören, was im Vorjahr noch stehen geblieben war. Dann dirigiert er seine Armee nach Boiotien. Dort kann er den wichtigsten Truppenteil, die Reiterei, besser einsetzen als in Attika. Die verbündeten Griechen nehmen den Kampf an.

Die Schlacht von Plataiai, ausgetragen wahrscheinlich erneut im Spätsommer, muss man sich am ehesten als eine Folge einzelner Gefechte vorstellen, die sich über Wochen hinzog. In einer weitläufigen Hügellandschaft nahe der Stadt standen sich zwei Armeen gegenüber, die vermutlich gleich stark waren und jeweils zwischen fünfzig- und hunderttausend Soldaten umfassten. Noch nie hatte es ein so großes hellenisches Heer gegeben. Die Griechen waren mit ihrer schwergerüsteten Hopliten-Phalanx den Persern an Kampfkraft überlegen. Daher scheute Mardonios anfangs die offene Feldschlacht. Immer wieder ließ er die gefürchtete Reiterei Attacken reiten, die auf griechischer Seite zu empfindlichen Verlusten führte, aber zu keiner Entscheidung. Beide Seiten hatten derweil Schwierigkeiten, ihr Riesenaufgebot ausreichend mit Wasser zu versorgen. Außerdem lagen die einzelnen Kontingente in dem unübersichtlichen Gelände verstreut, was die Kommunikation außerordentlich erschwerte. Auf Seiten der Griechen führte der noch junge und unerfahrene Spartaner Pausanias den Oberbefehl, der Vormund des kindlichen Königs Pleistarchos, Sohn des Leonidas. Die Athener wurden von ihrem Strategen Aristeides befehligt. Themistokles war offensichtlich nicht wieder zum Zug gekommen. Als die Versorgung mit Wasser und Lebensmitteln infolge der persischen Angriffe zusammenzubrechen drohte, ordnete Pausanias eine Rückzugsbewegung an, die auch noch nachts stattfinden sollte. Bei den verbündeten Griechen endete die Aktion in totalem Chaos: Nahezu jeder Truppenteil lief in eine andere Richtung, froh, den Reiterattacken endlich entfliehen zu können. In dieser Situation sah Mardonios seine Stunde gekommen. Er jagte den scheinbar flüchtenden Lakedaimoniern nach, fand aber in der Schlacht mit ihnen den Tod. Das persische Heer hatte damit seine Führung verloren. Mardonios' Konkurrent Artabazos setzte sich, noch ehe die Schlacht richtig begonnen hatte, mit einer ansehnlichen Armee rasch in Richtung Norden und Hellespont ab: Nur weg von hier! Die verschiedenen griechischen Abteilungen griffen nun wieder ins Geschehen ein. Getrennt marschieren, vereint schlagen – dieses Motto könnte als Titel über den Ereignissen bei Plataiai stehen. Der Sieg fiel vollständig aus, künftig mit dem Namen des Pausanias verbunden wie Salamis mit Themistokles.

Ungefähr zur selben Zeit – nach hellenischer Überlieferung sogar am selben Tag – vernichteten griechische Kämpfer in Kleinasien die Reste der persischen Flotte sowie eine Armee, die von Xerxes zur Bewachung der Ionier abgeordnet worden war. Der Respekt der persischen Befehlshaber vor der Griechenflotte war so groß, dass sie ihre Schiffe gegenüber von Samos am Vorgebirge Mykale an Land zogen und sich dahinter verschanzten. Die Griechen waren erst nach langem Zögern bereit gewesen, über Delos hinauszufahren. Antipersische Kräfte aus Samos und Chios beknieten sie und malten einen gesamtionischen Aufstand gegen die Besatzungsmacht an den blauen Himmel über der Ägäis, sollten erst einmal die Segel der Befreiungsarmee am Horizont auftauchen. Einen so nüchternen Mann wie den spartanischen König Leotychidas, der diesmal das Oberkommando hatte, konnten sie damit nicht aufs Glatteis führen. Ausschlaggebend für die erste Offensive des Hellenenbundes dürfte daher die strategische Situation gewesen sein: Mardonios ist auf die Unterstützung der Flotte angewiesen, um in Griechenland erfolgreich sein zu können, daher müssen die Schiffe als militärischer Faktor ausgeschaltet werden. Mit der Schlacht bei Mykale wurde dieses Ziel erreicht. Die persischen Trieren gingen in Flammen auf, das Heer wurde geschlagen. Anschließend machte Leotychidas angeblich den Vorschlag, die Ionier sollten zu ihrem dauerhaften Schutz nach Griechenland umgesiedelt werden. Dafür könnten ja die zahlreichen Perserfreunde in den größeren Städten vertrieben und deren Besitz den Ioniern übergeben werden. Ob der Spartaner im Ernst sprach oder ob Herodot eine athenisch gefärbte Version übernommen hat, ist heute nicht mehr zu ermitteln. Eine Umsiedlungsaktion dieses Ausmaßes überstieg aber jede Vorstellungskraft. Trotzdem blieb die Frage, wie die kleinasiatischen Griechen dauerhaft vor den Persern geschützt werden konnten, auf der Tagesordnung. Es konnte keine Rede davon sein, dass sich die Küstenstädte massenhaft des »persischen Jochs« entledigt hätten. Trotz des Erfolgs von Mykale standen die realen Kräfteverhältnisse in der Region noch nicht dafür. Ohnehin muss offen bleiben, wie viele Gemeinwesen überhaupt bereit gewesen wären, die Fronten zu wechseln. Vorderhand beschloss der Bund daher nur, die seetüchtigen Samos, Chios, Lesbos und andere Inseln in seine Reihen aufzunehmen.

Dafür eingesetzt hatten sich vor allem die Athener unter ihrem Feldherrn Xanthippos. Wie Aristeides war auch er erst im Jahr zuvor aus dem Exil zurückgerufen worden. Gemeinsam segeln die Griechen noch einmal los in Richtung Hellespont. Dürfen wir Herodot wirklich glauben, wenn er hier schreibt, die Fahrt habe den Brücken des Xerxes gegolten? Sollten die Hellenen ein ganzes Jahr nach Salamis wirklich noch nichts davon gehört haben, dass dieses Wunderwerk längst zerrissen und abgebaut war? Es fällt jedenfalls außerordentlich schwer, diese Argumentation zu akzeptieren. Es würde bedeuten, dass der Zugang zum Schwarzen Meer über ein Jahr lang hermetisch vom zentralen Festland abgeriegelt war. Für die Lakedaimonier war spätestens jetzt der Zeitpunkt gekommen, nach Hause zurückzukehren – hier war nichts mehr auszurichten. Anders die Athener – sie belagerten den Winter über die Stadt Sestos auf der thrakischen Chersonesos. Das Motiv liegt auf der Hand: Athen ist auf die Weizenlieferungen aus Südrussland angewiesen, also muss man die Kontrolle über den Hellespont zurückgewinnen. Das ist ihnen mit der Einnahme von Sestos auch gelungen. Darüber hinaus erbeuteten sie die Taue, die einst die beiden Schiffsbrücken des Xerxes gehalten hatten – eine wertvolle Trophäe, die in den Tempeln der Akropolis aufbewahrt wurde.

Woran ist Xerxes gescheitert?

Nach der Schlacht bei Mykale ist Xerxes endgültig in die Persis zurückgekehrt. Der Feldzug war gescheitert, aber warum? War es wirklich allein der Freiheitswille einiger weniger Griechen, dem die »östliche Despotie« nichts Vergleichbares entgegensetzen konnte? Die Hellenen weihten dem delphischen Apollo zum Dank für ihren Sieg einen Dreifuß. Er ruht auf einer Säule, die aus drei ineinander gewundenen Schlangen besteht und noch heute in Istanbul zu sehen ist. Darauf notiert sind die Namen von dreißig Städten, die sich dem antipersischen Kampf verschrieben hatten. Dabei hätten vier weitere Stadtstaaten genannt werden müssen – zusammen vierunddreißig von Hunderten griechischen Poleis. »Nationaler« Widerstand sieht anders aus. Für den »König der Könige« war es selbstverständlich, zahlreiche griechische Gemeinwesen mit Geld, Einfluss und Gewalt auf seine Seite zu ziehen. Unverständlich blieb für ihn wahrscheinlich, warum sich immer noch so viele Griechen so erbittert gegen seine offensichtlich überlegenen Heerscharen wehrten. Xerxes sah sicher nicht ein, dass er von seinen Untertanen zu früh zu viel forderte. Gleich nach seiner Thronbesteigung 486 v. Chr. war er jahrelang durch eine Revolte in Ägypten gebunden. Er machte aus dem in Personalunion geführten alten Reich eine gewöhnliche Satrapie, wodurch die ägyptischen Truppen potenziell unzuverlässige Kampfgenossen blieben. Unruhen gärten auch in Babylon und Judäa. Viele Soldaten, eine effiziente Bürokratie und erhebliche Geldmittel waren aufzubringen, die verschiedenen Brandherde des Riesenreichs immer wieder auszutreten.

In dieser Situation ließ der König einen nach Hunderttausenden zählenden Kriegstross ausheben und gen Europa ziehen, einen künstlichen Kanal bauen, Pontonbrücken errichten, Lebensmitteldepots anlegen, eine riesige Flotte aufbauen und ausrüsten. Selbst für ein weltumspannendes Territorium wie das persische war irgendwann die Grenze der Belastbarkeit erreicht, zumal sich der Hellespont erneut als großes Hindernis für die ausreichende Versorgung der Truppen mit Nachschub erwies. Thukydides gab Jahrzehnte später wohl die Meinung vieler Strategen wieder, als er schrieb: Vor Salamis hatte Xerxes keine Wahl, er musste angreifen und konnte nicht länger warten. Abwarten und aushungern, gleichzeitig den Wall am Isthmos angreifen – damit hätte die Koalition der Aufrechten vielleicht doch noch gesprengt werden können. Doch diese Option bestand für den Perser aufgrund selbstverschuldeter Probleme nicht. Am Abend der Seeschlacht war die Kampfkraft, nicht die Stückzahl der persischen Flotte so geschwächt, dass Xerxes keine Möglichkeit mehr sah, den Krieg auf dem Wasser fortzusetzen. Das Rumpfheer des Mardonios war ohne Unterstützung zur See zwar noch gefährlich, aber auch in höchstem Maße gefährdet; innere Konflikte mit Artabazos schwächten die Ausgangsposition zusätzlich. Die Griechen dagegen boten in einem einmaligen Kraftakt alles auf, was sie hatten – neben der ungeheuren, nie da gewesenen Zahl an Soldaten vor allem den Mut der Verzweiflung und einen unbedingten Siegeswillen. Die taktischen Fehler des Mardonios fügen sich so in ein Bild, das uns heute als zwangsläufig erscheint: Der Freiheitskampf führte zum Erfolg der gerechten Sache über das persische Joch. Wer so denkt, geht der griechischen Propaganda noch heute auf den Leim. Für die Zeitgenossen muss es ein Wunder gewesen sein, das nur auf göttlichem Einfluss beruhen konnte.

Das athenische Seereich und die Ära des Kimon

Die Kampfgemeinschaft der griechischen Eidgenossen endete de facto bereits ein Jahr nach Plataiai. Sparta zog sich aus dem Krieg zurück, es hatte im Osten keine Interessen und darüber hinaus genug mit sich selbst zu tun. Pro forma blieb das Bündnis noch

Das Schicksal des Pausanias

Neben Themistokles gebührt vor allem dem spartanischen Feldherrn Pausanias das Verdienst, die Perser aus Griechenland vertrieben zu haben. Zwar gelang es ihm vor Plataiai nicht, die griechischen Verbände zusammenzuhalten und auf eine gemeinsame Strategie zu verpflichten – auch hatte er innerhalb der eigenen Truppen mit schweren disziplinarischen Problemen zu kämpfen –, letztlich war er es aber, der das entscheidende Gefecht gegen Mardonios gewann und so die Weichen für den Sieg stellte. Treffen unsere Nachrichten über den Regenten von Sparta zu, dann hat Pausanias binnen kürzester Zeit eine erstaunliche Entwicklung genommen. Herodot berichtet, dem Pausanias sei im Zelt des Mardonios der gesamte Hausrat des Xerxes in die Hände gefallen: bunte Teppiche, gepolsterte Liegen aus Gold und Silber, ebensolche Tische. Staunend betrachteten die Spartaner die schimmernde Pracht. Pausanias hieß die Köche und Bäcker, gleichzeitig ein lakonisches Mahl und eines im Stil des Xerxes herzurichten. Der Unterschied, so Herodot, sei »doch recht beträchtlich« ausgefallen. Da habe Pausanias seine Mitstreiter auf den »Unverstand« des persischen Königs hingewiesen: Er führe ein solch herrliches Leben und »kam doch zu uns, um uns bei unserem armseligen Leben auch noch zu berauben«.

Eine dem Pausanias feindlich gesinnte Überlieferung ist bei Thukydides zu finden. Der Spartaner habe schon bald nach Plataiai jedes Maß verloren. Auf die von den Griechen nach Delphi gestiftete eherne Schlangensäule habe er den Spruch schreiben lassen: »Herr der Hellenen im Feld, Vernichter des persischen Heeres, stellt Pausanias hier, Phoibos [Apollo], das Mahnmal dir auf.« Die Griechen hätten die Inschrift getilgt und mit den Namen der kriegsbeteiligten Städte überschrieben. Ebenso unvorteilhaft sind Nachrichten, wonach Pausanias noch während der Züge gegen Zypern und Byzantion eine Geheimdiplomatie mit Xerxes betrieben habe, um sich Vorteile zu erwirken. Gerüchte über solche

Kontakte und die Beschwerden der Ionier über Pausanias' Auftreten führten zu dessen Abberufung. In Sparta wurde er »wegen einiger Privatvergehen« zwar verurteilt, in Sachen Konspiration mit den Persern aber freigesprochen – ein Zeichen dafür, wie schwach die Vorwürfe begründet waren.

Sofort machte sich Pausanias wieder auf nach Byzantion, wo er sich offenbar eine Art von Machtbasis geschaffen hatte. Er kleidete sich persisch, noch ehe es in Athen Mode wurde, hielt sich eine Leibwache aus Persern und Ägyptern und ließ niemanden an sich heran. Angeblich fand er jetzt sogar Gefallen an persischen Speisen. Mitte der 470er Jahre vertrieben ihn die Athener unter Kimon endgültig aus Byzantion. Damit hatte Athen freie Bahn am Bosporus. Pausanias wich in Xerxes' Machtbereich nach Kolonai in der Troas aus. Als ihn die Ephoren, die höchsten Staatsbeamten, wohl im Jahr 471 v. Chr. nach Sparta zurückbeordern, um die gegen ihn erhobenen Vorwürfe erneut zu untersuchen, leistet er dem Befehl merkwürdigerweise Folge und kehrt heim. In Sparta scheitert die Anklage wegen Hochverrats gegen Pausanias erneut – mangels Beweisen. Danach probiert man es mit allen Mitteln: Pausanias wird unterstellt, mit den Heloten verhandelt zu haben, den in strenger Abhängigkeit gehaltenen Staatssklaven im Umland Spartas. Freiheit und Bürgerrecht habe er ihnen versprochen, wenn sie sich an einem Umsturz beteiligten – eine absurde Behauptung, da sich kein Spartiate gefunden hätte, dieses Vorhaben zu unterstützen. Der Festnahme entzog sich Pausanias durch Flucht in einen Tempel, wo er unangreifbar war. Die Ephoren ließen die Türen vermauern und hungerten ihn aus. Anschließend erhoben sie in Athen Klage gegen den in der Verbannung weilenden Themistokles wegen desselben Delikts: *Medismos*. Dessen perserfreundliche Gesinnung gehe aus den angeblichen Geheimunterlagen des Pausanias hervor. Erst daraufhin verurteilen die Athener auch den zweiten Helden der Perserkriege zum Tode.

fast zwei Jahrzehnte bestehen, so lange, bis die zunehmend antispartanisch ausgerichtete Politik Athens zur Aufkündigung des Bundes führte. Die Athener nahmen die Last der Perserkriege nicht nur auf sich, sondern nutzten sie vor allem dazu, ihre eigenen Interessen durchzusetzen. Das gelang ihnen mehr als gründlich: Dreißig Jahre nach dem Xerxes-Zug vereinbarten Susa und Athen einen Interessenausgleich. Damit waren die Perserkriege offiziell beendet. Der Dualismus zwischen der Seemacht Athen und der Landmacht Sparta steuerte ungebremst auf seinen Höhepunkt zu. Im Peloponnesischen Krieg (431–404 v. Chr.) entluden sich die Spannungen schließlich auf grausame Art und Weise. Am Ende entschied erneut der Einfluss des persischen Reiches über die Kräfteverteilung in Griechenland.

Risse im Hellenenbund

Das Jahr 478 v. Chr. sah die letzte von Spartanern und Athenern gemeinsam getragene Aktion des Hellenbundes im Kampf gegen die Perser. Unter dem Oberbefehl des Pausanias eroberte der Bund, jetzt verstärkt um ionische Truppen, Teile des persischen Flottenstützpunktes Zypern. Damit wurde kurzfristig ein potenzieller Gefahrenherd ausgeschaltet. Anschließend fiel Byzantion am Bosporus in griechische Hände zurück, ein wichtiger Stützpunkt zur Kontrolle des Seehandels mit dem Schwarzen Meer. Beide Kampfeinsätze lagen insbesondere im Interesse Athens. Dass die Interessen der Lakedaimonier andere waren, hatten sie schon auf Samos im Jahr zuvor deutlich gemacht. Die Art und Weise, wie sich der Abschied Spartas aus der Kampfgemeinschaft nun vollzog, kam dennoch überraschend. Den Anlass bot eine Intrige gegen Pausanias: Er trat selbstherrlich und schroff auf, auch gegenüber den Bundesgenossen, gab sich unnahbar und hatte einen offenbar unangemessenen Lebensstil. Vor allem die neuen ionischen Verbündeten nahmen dieses Verhalten zum Anlass, seine Abberufung zu fordern und den Oberbefehl auf die Athener zu übertragen. Pausanias musste tatsächlich nach Sparta zurück. Von dort kam als Ersatz ein gewisser Dorkis mit einem kleinen Kontingent, wurde jedoch von den Verbündeten rundweg abgelehnt und rückte wieder ab. An Kämpfen beteiligte sich Sparta fortan nicht mehr.

Mission Perserkriege – Athen übernimmt

Nach dem Rückzug der Spartaner war die Bahn frei für Athen. Unter der Regie des Aristeides schmiedete sich die Stadt jetzt ein Machtinstrument, das sie im Laufe der nächsten fünfundzwanzig Jahre zur unumschränkten Vormacht in der Ägäis und neben Sparta zur wichtigsten Kraft Griechenlands machte: den Delisch-Attischen Seebund. Ihm schlossen sich – freiwillig oder unter Druck – im Laufe der Jahre mehrere Hundert Poleis an. Obwohl das Bündnis von 481 formal bestehen blieb, avancierte der Seebund unter Führung Athens zum eigentlichen Träger der Perserkriege. Zum herausragenden Strategen und innenpolitischen Wortführer entwickelte sich schon bald Kimon, Sohn des Marathonsiegers Miltiades. Auf den Planken der Trieren fuhr er von Erfolg zu Erfolg, eroberte die persische Festung Eion am Strymon und siedelte hier an der thrakischen Küste athenische Bauern an, sogenannte Kleruchen (476 v. Chr.). Er vertrieb die Einwohner der Ägäis-Insel Skyros und errichtete dort ebenfalls eine Kleruchie (475). Die strategisch wichtige Stadt Karystos an der Südspitze Euboias wird gewaltsam in den Seebund eingegliedert (470). Damit hatte sich Athen eine ganze Kette von Stützpunkten von Attika bis zum Schwarzen Meer geschaffen. Die Seehandelswege zur Versorgung mit Weizen und anderen Rohstoffen unterlagen nun vollständig seiner Kontrolle.

In die erste Hälfte der 460er Jahre fällt Kimons Meisterstück. Im östlichen Mittelmeer hatte Xerxes zu Land und zu Wasser eine größere Streitmacht aufgebaut. Noch ehe diese asiatischen Boden verlassen konnte, rückten die Athener im südlichen Pamphylien gegen sie vor. An einem einzigen Tag sollen unter Kimons Befehl im Delta des Eurymedon zweihundert gegnerische Schiffe erobert und an Land eine große Armee besiegt worden sein. Zwanzigtausend Feinde, heißt es, wurden versklavt. Gleich danach fuhr Kimon wieder aufs offene Meer, überraschte den Rest der zu spät gekommenen Phönizier und schlug auch sie vernichtend. Von den

Der Delisch-Attische Seebund

Im Jahr 478/77 v. Chr. nutzte Athen die antispartanische Stimmung unter den verbündeten ionischen Städten, um die Grundlage für seine künftige Seeherrschaft zu legen. Aristeides scheint dabei die treibende Kraft gewesen zu sein. Die Küstenstädte und Inseln benötigten dringend eine Schutzmacht gegen die Perser, ehe sie die Kraft aufbrachten, sich von Xerxes loszusagen. Jederzeit war damit zu rechnen, dass der König erneut den Versuch unternehmen würde, die verlorenen Territorien und Städte zurückzuerobern. Das Desinteresse Spartas trieb die Aioler, Ionier und Hellespontier in die Arme Athens. Die neue Seemacht schloss mit allen Bundesmitgliedern zweiseitige Verträge ab, die auf ewig gelten sollten. Symbolisch wurden Metallklumpen im Meer versenkt – solange sie nicht wieder auftauchten, sollte das Bündnis bestehen bleiben. Damit war es aus athenischer Sicht unkündbar. Entsprechend hart wurden spätere Abspaltungsversuche bestraft. Unter Eid wurde festgestellt, dass allen Bündnern »Freund und Feind gemeinsam sein sollten«. Die Formel zielte in den Augen der Zeitgenossen auf die Auseinandersetzung mit den Persern, festgelegt war dies aber nicht. Samos, Chios und Lesbos, die großen Inseln, stellten Kriegsschiffe für die gemeinsame Streitmacht. Wer dazu nicht in der Lage war, hatte einen Beitrag in die Bundeskasse zu bezahlen, den *phoros*. Die Höhe der Beiträge stellten Schatzmeister fest, die von Athen geschickt wurden. Mit insgesamt 460 Talenten fiel der *phoros* im Vergleich zu den persischen Forderungen moderat aus. Erst im Peloponnesischen Krieg wurde die Summe erhöht.

Die genaue Mitgliedzahl des Bundes ist nicht bekannt. Anfangs werden es nur einige wenige gewesen sein, vor allem aus der Ägäis, fünfzig Jahre später sind auf den erhaltenen Tributlisten vierhundert Namen verzeichnet. Der Sitz des Bundes, zunächst im Apollo-Heiligtum auf der Insel Delos, wurde nach der Ägyptenkatastrophe von 454 nach Athen verlegt, angeblich zum Schutz vor dem drohenden persischen Zugriff. Zugleich wurde die Bundesversammlung (*Synhedrie*) aufgelöst, in der zwar faktisch Athen das Sagen, aber zumindest nominell jedes Mitglied eine Stimme hatte. Jetzt wurde die Rolle der *Synhedrie* auf die Volksversammlung in Athen übertragen.

Von Beginn an war klar, dass Athen die politische und militärische Vormacht sein musste. Kein anderes Bundesmitglied verfügte über ausreichende finanzielle Ressourcen, um auf Dauer eine große Flotte zu unterhalten. Athen hatte nicht nur wegen der griechischen Landsleute ein Interesse daran, die Perser von der Ägäis fernzuhalten, vielmehr kam es darauf an, die Seewege freizuhalten, um die Versorgung mit lebenswichtigen Gütern zu gewährleisten. Die Beiträge der Seebundsmitglieder füllten die Kassen Athens zusätzlich. So baute es seine Vormachtstellung auf Kosten der anderen Poleis ungeniert aus. Schon Mitte der 460er Jahre hatte die Insel Thasos vor der thrakischen Küste erfahren, was es heißt, sich Athen zu widersetzen. Kimon ließ die Insel zwei Jahre lang belagern, ehe er sie eroberte. Die Stadtmauern mussten niedergerissen, die Flotte musste ausgeliefert werden. Thasos verlor seinen Anteil an den Goldminen des Pangaion, Athen übernahm. Der Niederschlagung von Aufständen folgte stets die totale Kontrolle durch Athen: Attische Beamte nahmen Politik, Verwaltung und Militär an die Kandare. Attische Siedler ließen sich zu Tausenden auf fremder Flur nieder. In Samos wurde die einheimische griechische Bevölkerung in die Sklaverei verkauft. Athen zwang seine Untertanen sogar dazu, ihre eigene Münzprägung zu beenden und als gemeinsame Währung nur noch die attische Drachme zu benutzen. Dasselbe galt für Gewichte und Maße, angesichts des traditionellen griechischen Partikularismus ein fast frivoler Befehl. Er brach mit der gewohnten Ordnung, stellte alle bisherigen Erfahrungen in Frage – all das vor dem Hintergrund des weiteren Ausbaus der Isonomie zur Demokratie.

Persern geht damit zunächst keine Gefahr mehr aus. Xerxes und sein ältester Sohn Dareios fallen Mitte des Jahrzehnts im Rahmen einer Palastrevolte einem Mordanschlag zum Opfer. Artaxerxes, ein weiterer Königssohn, übernimmt für die nächsten vier Jahrzehnte die Herrschaft in Susa.

Keine Perser, keine Gefahr: Für einige Mitglieder des Seebundes entfiel nun möglicherweise die Geschäftsgrundlage des Bündnisses. Vielleicht wollten sie sich auch aus dem neuen Joch befreien, unter das sie geraten waren. Den Inseln Naxos und Thasos bekam der offene Abfall von Athen nicht gut – sie wurden von Kimons Flotte belagert, erobert und hart bestraft. Die Thasier sollen Sparta um Hilfe gerufen haben und auf positive Resonanz gestoßen sein, doch blieben sie letztlich auf sich allein gestellt. In der Mitte des Jahrzehnts wurde Sparta nämlich von einem Erdbeben schwer getroffen. Zahlreiche Menschen starben, darunter viele junge Krieger, fast alle Häuser wurden zerstört. Die Messenier, seit Jahrhunderten als Heloten in sklavenähnlichem Zustand gehalten, nutzten die Not ihrer Herren nun endlich zum Aufstand. Spartas Probleme mit den Heloten wurden so groß, dass man beim Bündnispartner in Athen um Hilfe nachsuchte. Es war Kimon, der sich vehement für die Entsendung eines Hoplitenkorps aussprach – gegen große Widerstände. Er selbst setzte sich an die Spitze des Heeres und zog auf die Peloponnes. Doch die Spartaner hatten die Situation inzwischen unter Kontrolle bekommen und schickten die Athener zurück. Viertausend athenische Soldaten im Herzen der Peloponnes – dieser Gedanke schmeckte Lakedaimon nicht. Eine Demütigung für Athen – prompt kündigte die Volksversammlung das Bündnis von 481 auf, das zwanzig Jahre gehalten hatte. Jetzt, da der Druck von außen nachließ, wandten sich die Griechen wieder verstärkt gegeneinander. Die beiden großen Machtblöcke schwenkten auf Konfrontationskurs. Mit Kimon wurde Spartas letzter Fürsprecher in Athen ins Exil geschickt.

Vom Perser- zum Bruderkampf

Zwei Jahrzehnte nach Salamis hatte sich nicht nur die griechische Mächtekonstellation verändert, auch innerhalb Athens verschoben sich die Gewichte, nicht zuletzt aufgrund der beständigen Flottenrüstung. Für den überaus anstrengenden Dienst an den Ruderbänken wurden zahllose Freiwillige benötigt. Die besitzenden Klassen kamen dafür nicht in Frage, sie stellten das Feldheer der Hopliten: Adel, Grundbesitzer, Ackerbauern. Jeder hatte für seine Ausrüstung selbst aufzukommen. Von rund dreißigtausend waffenfähigen Athenern in klassischer Zeit sollen zwölf- bis vierzehntausend als Schwerbewaffnete in der Phalanx Dienst geleistet haben. Der Stand der Besitzlosen, Theten genannt, rückte damit von selbst in den Blickpunkt. Für eine Flotte von hundert vollbesetzten Trieren brauchte man siebzehntausend Ruderer. Die Unternehmungen dauerten oft monate-, wenn nicht jahrelang. Wer, der zu Hause einen Hof, ein Geschäft führen muss, ist schon so lange abkömmlich? Für die Angehörigen des untersten Standes eröffneten sich hier zweifach neue Möglichkeiten: zum einen ein regelmäßiger, fester Verdienst, zum anderen das gesteigerte Ansehen innerhalb der Bürgerschaft, das schließlich zu größerem Einfluss führte. Athens Staatswesen beruhte auf seiner Wehrverfassung, mit dem Dienst am Ruder erwarben sich die Theten somit automatisch Anspruch auf mehr politische Mitsprache.

Der Umsturz des Ephialtes

Nicht von ungefähr fiel mit der Abwesenheit Kimons und seiner viertausend Hopliten, die 462/61 auf die Peloponnes marschiert waren, eine Verfassungsreform zusammen, die schon von Zeitgenossen als »Umsturz« betrachtet wurde. Unter dem maßgeblichen Einfluss des Ephialtes, von dem sonst wenig bekannt ist, nahm die Volksversammlung dem Areopag fast sämtliche politischen Kontroll- und Gestaltungsrechte. Der Areopag setzte sich aus den früheren Archonten zusammen und war überwiegend adliger Herkunft. Er kontrollierte die Beamten und sorgte in der kimonischen Ära außenpolitisch für ein erträgliches Verhältnis zu

Sparta. Damit war nun Schluss. Die Exekutive ging vollständig auf den Rat der Fünfhundert, die Volksversammlung und die Volksgerichte über. Dem Areopag blieben religiöse Befugnisse und die Blutgerichtsbarkeit. Alle Macht ging nun tatsächlich vom Volke aus – das heißt von Männern im Besitz des Bürgerrechts –, erstmals taucht der Begriff *demokratia* auf. Neben Ephialtes tritt Perikles in den Mittelpunkt des Geschehens, der Sohn des Xanthippos. Kimon versuchte nach seiner Rückkehr vergeblich, die Kündigung des Bündnisses mit Sparta rückgängig zu machen. Er musste stattdessen den Gang in die Verbannung antreten. Ephialtes wurde ermordet – das innenpolitische Klima war extrem aufgeheizt. Die imperialistische Außenpolitik wurde aber auch ohne Kimon fortgesetzt, jetzt allerdings mit einer deutlich antispartanischen Zielrichtung. Für die neuen starken Männer stand nicht mehr der Kampf gegen die Perser im Mittelpunkt, vielmehr ging es darum, die Macht Athens im größeren Griechenland auszubauen, und das konnte nur zu Lasten des anderen Bündnisblocks gehen. Das dafür nötige Instrument stand in der mittlerweile gut geschulten Flotte bereit. Jedes Jahr ließ Perikles mindestens sechzig Schiffe auslaufen und trainieren. Was vor Salamis noch als Nachteil empfunden worden war, der Mangel an taktischer Manövrierfähigkeit, wurde nun durch harte Arbeit mehr als ausgeglichen.

Unter Perikles' Einfluss wurden im Laufe der Zeit Diätenzahlungen für den Rat und die Gerichte eingeführt, so dass sich jeder Bürger, auch ein Besitzloser, die Teilnahme am politischen Leben leisten konnte. Das Amt der Archonten wurde nun für die Theten geöffnet – deutlicher könnte deren Bedeutung nicht herausgestellt werden. Die Theten mussten ein Interesse an kriegerischer Außenpolitik haben, und anders als der alte Adel waren sie nicht durch gesellschaftliche Pflichten oder historische Verknüpfungen an Sparta gebunden.

Der Weg in den Peloponnesischen Krieg

Als Kimon ausgeschaltet war, begab sich Athen im Hochgefühl seiner Macht in eine Zweifrontenstellung. Der Krieg gegen das persische Weltreich schwelte noch immer, und es dauerte nicht lange, bis die griechische Seemacht danach strebte, Artaxerxes' innere Probleme zum eigenen Vorteil auszunutzen. Zusätzlich suchte die Stadt den Konflikt mit Sparta. Mit den alten Perser-Freunden in Thessalien schloss Athen jetzt ein Bündnis, auch mit dem einst verfeindeten Megara, und sogar Argos und Troizen auf der Peloponnes wurden auf die athenische Seite gezogen, die Insel Aigina wurde belagert, erobert und in den Seebund gezwungen. Gleichzeitig wurde mit dem Bau der beiden sieben Kilometer langen Mauern begonnen, durch welche die Stadt mit dem Hafen Piräus verbunden wurde. Athen verwandelte sich in ein uneinnehmbares Bollwerk. Die Mauern können auch als Stein gewordene politische Kampfansage in Richtung Peloponnes betrachtet werden. Schon 479/78 war gegen den erklärten Willen der Spartaner ein Mauerring um die Stadt gezogen worden. Damals nahmen sie es noch hin. Doch sei, so Thukydides, eine »heimliche Verstimmung« zurückgeblieben. Im Jahr 457 v. Chr. brechen die Feindseligkeiten offen aus. Ein athenisches Heer greift bei Tanagra in Boiotien ein spartanisches Kontingent an, das sich nach einem Einsatz in der Phokis auf dem Rückweg befindet. Die Spartaner siegen auf ganzer Linie und sichern sich damit ihren Einfluss in Mittelgriechenland. Trotzdem rückt nur 62 Tage später ein weiteres athenisches Hoplitenaufgebot aus. Bei Oinophyta wird ein boiotisches Heer geschlagen – Athen hat sich seine Stellung im Herzen Griechenlands zurückerobert.

Den enormen Aufwand an Soldaten und Rüstungsgütern muss man vor dem Hintergrund sehen, dass seit 460 v. Chr. eine Flotte von rund 250 Trieren im östlichen Mittelmeer auf Kriegsfahrt war. Zunächst wurde erneut der persische Flottenstützpunkt Zypern angegriffen, dann die phönizische Küste, schließlich setzten die Athener nach Ägypten über, um dem aufständischen libyschen König Inaros zu helfen, die persische Herrschaft abzuschütteln. Natürlich nicht ohne Hintergedanken: Die Kornkammer Ägypten würde den stetig steigenden Bedarf Athens an Weizen decken helfen. Doch die Expedition endete 454 in einer Katastrophe. Die Perser eroberten nicht nur die verlorenen Gebiete zurück, sie vernichteten auch die Flotte des Seebundes. Dieser Rückschlag traf

Athen hart. Nur ein Jahr zuvor hatte ein verwegenes Unternehmen des Tolmides zu den schönsten Hoffnungen Anlass gegeben: Er steckte die spartanischen Schiffsarsenale in Brand, verwüstete Teile der lakonischen Küste und eroberte einige Orte am Golf von Korinth. Achaia ließ sich davon so schwer beeindrucken, dass es sich dem Seebund anschloss. Damit forderte Athen jetzt auch direkt die beherrschende Stellung Korinths im Handel mit Unteritalien und Sizilien heraus. Doch das ägyptische Desaster und eine Niederlage in Thessalien zeigten der Seemacht ihre Grenzen auf.

Noch einmal schlug die Stunde des Kimon. Er kehrte 451 aus dem Exil zurück und konnte dank seines Ansehens offenbar nahtlos dort weitermachen, wo er zehn Jahre zuvor hatte aufhören müssen: Er vermittelte einen fünfjährigen Waffenstillstand mit Sparta. Damit hatte er den Rücken frei, um einmal mehr den alten Feind im Osten anzugreifen. Athen muss Tag und Nacht von den hämmernden und sägenden Geräuschen des Schiffbaus erfüllt gewesen sein: Zweihundert Trieren standen Kimon für sein letztes Flottenunternehmen zur Verfügung. Er starb jedoch bei der Belagerung der Stadt Kition auf Zypern. Auf dem Rückzug geriet die Flotte in ein Gefecht mit den Schiffen des Großkönigs und trug den Sieg davon – in der Nähe der Stadt Salamis auf Zypern.

Das sollte für ein halbes Jahrhundert die letzte kriegerische Begegnung von Griechen und Persern sein. Auf Vermittlung des Kallias handelten Athen und Artaxerxes 449/48 einen Interessenausgleich aus, der auch als »Kallias-Friede« bekannt ist. Der in der Wissenschaft umstrittene Vertrag ist bei Diodoros überliefert. Danach sichert Artaxerxes den Griechenstädten Kleinasiens Autonomie zu. Seine Truppen würden der Küste nicht näher kommen als drei Tagesreisen; zwischen Lykien im Süden und dem Bosporus im Norden würde sich kein persisches Kriegsschiff blicken lassen. Im Gegenzug wird Athen keine Truppen mehr in das vom König beherrschte Gebiet schicken; Zypern fällt zurück an die Perser. Das war aus Sicht der Zeitgenossen nicht weniger als das Ende der über fünfzig Jahre währenden Perserkriege. Der Großkönig verzichtet nicht nur auf einen Teil seiner Souveränität, er suspendiert auch die expansive Politik seiner Vorgänger. Auf der anderen Seite hat Athen nun freie Hand in der Ägäis. Schon Zeitgenossen stellten fest, dass die kleinasiatischen Griechen von einer Abhängigkeit in die nächste schlitterten: Besatzungstruppen, Aufsichtsbeamte, fremde Siedler, jährliche Abgaben und harte Sanktionen bei Fehlverhalten – alles schon mal da gewesen.

Als 447/46 v. Chr. der Waffenstillstand mit Sparta ausläuft, verständigen sich beide Mächte auf einen Friedensvertrag, der dreißig Jahre gelten soll. Inzwischen hatte Athen in Mittelgriechenland an Boden verloren und benötigte Ruhe an dieser Front. Mehrere Mitglieder des Seebunds proben in den Folgejahren den Aufstand und werden dafür hart bestraft. Immer offener fordert Athen in den 430er Jahren den spartanischen Bündnispartner Korinth heraus: durch Handelsbeschränkungen, durch Einmischung in Streitigkeiten, durch Schikanen gegen korinthische Kolonien. Schließlich drängen Korinth und andere Verbündete die Vormacht des Peloponnesischen Bundes, Sparta, zum Krieg gegen Athen – zu groß waren inzwischen die Reibungsflächen, zu tief saß der gegenseitige Hass. Die Antipathien färbten sogar die Erinnerung an gemeinsam errungene Siege. Die Zeilen Herodots legen davon indirekt Zeugnis ab. Der Druck von außen war inzwischen entfallen. Der Dampfkessel explodierte, und die inneren Gegensätze wurden gewaltsam freigesetzt. Dreißig Jahre später, am Ende des Jahrhunderts, entschied persisches Geld über den Ausgang des Krieges zugunsten Spartas. Athen hatte es für richtig befunden, den Kallias-Vertrag zu brechen. Abermals fielen die kleinasiatischen Griechenstädte unter den Einfluss des Großkönigs. Dieser reichte in der ersten Hälfte des 4. Jahrhunderts so weit nach Griechenland hinein wie nie seit dem Zug des Xerxes – auch ohne großes Militäraufgebot.

Athen in klassischer Zeit – Kulturhauptstadt Europas

In der zweiten Hälfte des 5. Jahrhunderts v. Chr. entwickelte Athen eine Anziehungskraft auf die antike Welt, die vergleichbar ist mit derjenigen der Vereinigten Staaten von Amerika im

19. Jahrhundert. Athen bot Arbeit in den unterschiedlichsten Branchen, versprach den Aufstieg, Reichtum und großes Ansehen, bot jedermann ein Betätigungsfeld, der etwas Neues ausprobieren wollte, sei es in bildender Kunst, Dichtung, Philosophie oder im Handel. Nur eines bot Athen keinem Fremden: politische Teilhabe. Im Gegenteil. Gerade weil so viele Menschen an Ruhm und Macht Athens partizipieren wollten, schotteten sich die Bürger in ihren politischen Rechten systematisch ab.

Bevölkerung und wirtschaftliche Grundlagen

Perikles brachte 451 v. Chr. ein Bürgerrechtsgesetz ein, wonach nur noch derjenige ein Vollbürger sein konnte, dessen beide Elternteile bereits Bürger waren. Nur noch ehrenhalber konnte das Bürgerrecht an Personen verliehen werden, die diese Bedingung nicht erfüllten. Die Zahl der in Attika lebenden Menschen zu schätzen und daraus abzuleiten, wie viele davon Bürger waren, wie viele Metöken – Fremde mit einem besonderen Status – und wie viele Sklaven, ist seriös nahezu unmöglich, da verlässliche Nachrichten fehlen. Die moderne Forschung geht heute von bis zu dreihunderttausend Menschen aus, die im Zeitalter des Perikles in Athen und Attika lebten. Davon war höchstens die Hälfte Athener. Bürger im Sinne der politischen Mitwirkung konnten aber nur Männer sein, die nach Vollendung des achtzehnten Lebensjahrs in die Bürgerliste ihres Heimat-Demos eingetragen waren. In der fraglichen Zeit mögen das dreißig- bis fünfundvierzigtausend Menschen gewesen sein – fünfzehn Prozent der Gesamtbevölkerung. Frauen hatten keinen eigenen Rechtsstatus, sondern waren auf Vater, Brüder oder Ehemann als Vormund angewiesen. Eine politische Betätigung schied für sie von vornherein aus. Trotzdem sind die Namen von Frauen überliefert, die offenbar ihren Einfluss geltend machen konnten, zum Beispiel Aspasia, die zweite Ehefrau des Perikles. Auf etwa vierzigtausend wird die Zahl der »Mitbewohner« geschätzt, der Metöken. Darunter sind Fremde zu verstehen, die sich dauerhaft in Athen niederließen. Sie sind in jedem Wirtschaftszweig zu finden und waren für die Stadt äußerst wichtig. Ihre Ansiedlung wurde gefördert. Metöken führten unter anderem große Handelshäuser, Waffenfabriken, Reedereien, Banken und Handwerksbetriebe. Viele berühmte Redner, Philosophen und Dichter hatten den Status eines Metöken: Anaxagoras aus Klazomenai, Protagoras aus Abdera, Herodot aus Halikarnassos, Gorgias aus Leontinoi, um nur wenige zu nennen. Metöken genossen die volle Geschäftsfähigkeit und das Wohnrecht, durften allerdings weder Haus noch Grund erwerben. Anders als die Bürger hatten sie eine jährliche Kopfsteuer zu zahlen. Sehr auf ihren Vorteil bedacht, verlangten die Bürger von den Metöken auch die Übernahme öffentlicher Aufgaben wie Leiturgien – die Bezahlung von Chören während der großen Kultfeiern, die Choregie; die Kostenübernahme für Kriegsschiffe, die Trierarchie – und die Ableistung des Kriegsdienstes.

Attika hatte als Flächenstaat eine Ausdehnung, die in etwa derjenigen des heutigen Saarlandes entspricht. Neben Sparta gab es in Griechenland keine andere derart große Landschaft, die eine politische Einheit bildete. Sie war durchsetzt von kleinen Dörfern, städtischen Siedlungen und einzelnen Höfen. Wie überall, so bildete auch hier die Landwirtschaft die ökonomische Grundlage der Gesellschaft. Viele Bauern bewirtschafteten ihre Höfe selbstständig, bauten Gemüse, Wein, Oliven und Obst an, auch Weizen und Gerste. Doch schon im ausgehenden 6. Jahrhundert v. Chr. reichte das eigene Getreide nicht mehr aus, Importe aus dem Schwarzmeerraum sowie aus Ägypten und Sizilien wurden überlebenswichtig. Dagegen exportierte Athen Öl, Wein und Honig. Rinder fanden sich in Attika aufgrund des ungeeigneten Bodens so gut wie keine. Gezüchtet wurden Ziegen, Schafe und Schweine – ebenso als Nahrungslieferanten wie für Häute, Leder und Wolle. Einige Besitzer großer Höfe lebten in der Stadt und hatten die Betriebe verpachtet oder ließen sie von Verwaltern führen. Das konnten auch Sklaven sein.

Bis zu hunderttausend Unfreie sollen in der klassischen Zeit in Attika gelebt haben. Der Kauf eines Sklaven war sehr teuer. Reiche Athener besaßen bis zu fünfzig Sklaven – kein Vergleich zu späteren römischen Verhältnissen. Trotz der Versklavung vieler griechischer Einwohner im Zuge der imperialistischen Seebundspolitik stammten die meisten Sklaven aus dem nichtgriechischen

Hinterland Asiens, des Balkans oder des Schwarzmeerraums. Sie waren Eigentum ihres Herrn – Aristoteles spricht vom »beseelten Besitz« – und wurden in allen Bereichen eingesetzt: vom Hausgehilfen bis zum Landarbeiter, vom Verkaufsleiter bis zum Henker. Etwa zwanzigtausend Sklaven sollen allein in den Silberbergwerken des Laureion im südlichen Attika unter menschenunwürdigen Bedingungen geschuftet haben – Seite an Seite allerdings mit Bürgern und Metöken.

Als Hegemonialmacht des Seebundes hatte Athen die Ägäis nicht nur in ein attisches Binnenmeer verwandelt, sondern auch zu einer attraktiven Wirtschaftszone ausgebaut. Stetige Flottenpräsenz hielt die Piraterie in Grenzen. Die einzelnen griechischen Häfen waren eng miteinander verflochten. Aristophanes schildert in einer Komödie einen Gang über den Athener Markt: Alles ist zu jeder Zeit zu kaufen – man weiß gar nicht mehr, welche Jahreszeit gerade herrscht. Die drei natürlichen Häfen des Piräus wuchsen rasch zu den bedeutendsten Umschlagplätzen der griechischen Welt heran. Athen schöpfte aus Gebühren und Zöllen beträchtliche Gewinne ab. Importiert werden mussten vor allem Getreide, Holz für den Schiffbau und Kupfer, aber auch Luxusgüter wie Elfenbein, Gold, Papyrus, Gold oder auch Leinen für Segeltuch und Kleider. Mit dem Silber aus den Minen von Laureion wurde der »Dollar« der klassischen Zeit geprägt: die Drachme mit dem Kopf der Athena auf der Vorder- und der Eule auf der Rückseite. Athens Münze wies stets ein besonders feines Korn auf.

Athens Bauprogramm – Ausdruck von Macht und Reichtum

Viel Geld war nötig, um das Bauprogramm zu bezahlen, das sich die Volksversammlung leistete. Nach Salamis und Plataiai hatten die Athener die Stützmauern der Akropolis notdürftig wieder aufgebaut. Sie verwendeten dafür den sogenannten »Perser-Schutt«. Doch sie gaben sich nicht einfach mit dem Wiederaufbau des Alten zufrieden: Dass Athen als Vormacht der Perserkriegszeit und mit Hilfe des Seebundes zur mächtigsten Stadt Griechenlands aufgestiegen war – von Sparta abgesehen – sollte und musste sich auch nach außen zeigen. So trat der neue Parthenon auf der Akropolis, zwischen 447 und 432 errichtet, in direkte Konkurrenz zu den großen Kultstätten von Olympia und Delphi. Nicht nur überragte der Tempel an Größe und vollendeten Proportionen alle vergleichbaren Bauten, auch die Ausstattung suchte ihresgleichen. Alle Bauten standen unter der Aufsicht einer Baukommission, deren Vorsitz Perikles führte, und mussten von der Volksversammlung genehmigt werden. Die Architektur des klassischen Athen von den Propyläen über das Erechtheion bis zum Poseidon-Tempel auf Kap Sunion und zahlreichen anderen berühmten Gebäuden war also kein Privatvergnügen einzelner besonders Begüterter wie später die Foren, Theater und Basiliken in Rom, vielmehr gab sie dem Selbstbewusstsein der Bürgerschaft weithin sichtbaren Ausdruck.

Anziehungspunkt für die geistige Elite

Die spezifische Atmosphäre von Macht und Reichtum, von Weltläufigkeit und Freiheit sowie das Gefühl, Neues, ja Ungeheuerliches denken und umsetzen zu können, zog wie ein Magnet Menschen aus der gesamten griechischen Welt an. Die einen suchten Arbeit, andere das schnelle Geld. Aber auch die Intellektuellen und wer sich dafür hielt gaben sich in Athen die Klinke in die Hand. Herodot lebte in den 440er Jahren einige Zeit hier und suchte die Nähe zu Perikles, dem starken Mann. Auch der Dramatiker Sophokles und der Philosoph Anaxagoras zählten zu Perikles' Freunden. Der berühmte Bildhauer Pheidias, Schöpfer der zwölf Meter hohen Goldelfenbeinstatue der Athena Parthenos im Parthenon, bewegte sich ebenso im Dunstkreis der Macht wie der Sophist Protagoras. Letzterer wird 443 v. Chr. beauftragt, für die panhellenische Neugründung Thurioi in Unteritalien Gesetze auszuarbeiten. Die Stadt erhält von Beginn an eine demokratische Verfassung. Herodot siedelt dorthin über und stirbt als »Thurier«. Anaxagoras aus Klazomenai denkt in Athen über seine kleinasiatischen naturphilosophischen Wurzeln hinaus. Die alte Frage nach dem Ursprung alles Seienden beantwortet er mit dem revolutionären Ansatz eines allbeherrschenden Geistes. Dieser sorge dafür, dass die Schöpfung sinnvoll verläuft. Anaxagoras stellt damit die traditionelle Weltsicht in Frage. Wegen Gottlosigkeit (*asebeia*) sollte Anaxagoras gegen Ende der perikleischen Ära der Prozess gemacht werden. Dem entzog er sich durch Flucht. Pheidias wurde in derselben Zeit wegen angeblicher Veruntreuung von Gold angeklagt und starb im Gefängnis. Auch Perikles und seine Frau Aspasia sahen sich gegen Ende der 430er Jahre immer wieder mit Klagen konfrontiert. Nicht zuletzt wegen dieser inneren Probleme soll Perikles außenpolitisch einen auf Krieg zielenden Kurs gegen Sparta gesteuert haben. Um die Athener dafür zu gewinnen, kam es aber nicht nur auf die besseren Argumente an, vielmehr musste der erfolgreiche Politiker durch die Kraft seiner Rede überzeugen. Perikles, Nachfahre des Kleisthenes, galt als der beste Redner seiner Zeit.

Redetraining als praktische Lebenshilfe – die Sophisten

Platon ist schuld. Der Schüler des Sokrates hat die Sophisten in seinen als Dialoge angelegten Werken konsequent negativ dargestellt. Sokrates entlarvte ein ums andere Mal das Scheinwissen der angeblichen »Weisheitslehrer« – von *sophia*, die Weisheit. Er wies ihnen nach – in den Büchern des Platon jedenfalls –, dass sie nichts Rechtes beitragen konnten zur Frage nach der richtigen Lebensführung. Das schlechte Image der Sophisten hat sich über die Jahrtausende bewahrt. Schon eine Generation vor Platon hatte sich der Dichter Aristophanes in seiner Komödie »Die Wolken« (423 v. Chr.) der gängigen Kritik an den Sophisten angenommen. Demnach handelte es sich bei ihnen um »Quacksalber, Propheten echt thurischen Stamms, brillantringfingrige Stutzer, dithyrambische Schnörkelversdrechsler zuhauf, sternschnuppenbeguckende Gaukler«. Allerdings zieht Aristophanes in den »Wolken« in erster Linie Sokrates durch den Kakao und stellt ihn als den schlimmsten Sophisten von allen dar ...

Die Sophisten vertraten weder eine einheitliche Lehre, noch widmeten sie sich einem bestimmten Gegenstand der Wissenschaft. Sie begriffen sich in erster Linie als Wanderlehrer in Sachen Lebensbewältigung. Als solche unterrichteten sie, schrieben und hielten Reden. Damit verdienten sie ihren Lebensunterhalt. Seit der zweiten Hälfte des 5. Jahrhunderts bot sich Athen als ideale Wirkungsstätte an. Zum Schlagwort der Zeit wurde die *euboulia*, das Wohlberatensein. Wohlberaten sein musste der Athener in erster Linie bei seinen öffentlichen Auftritten: in der Volksversammlung auf der Agora; im Rat der Fünfhundert, der die Gesetzesentwürfe vorverhandelte; als Archon, als Stratege oder sonstiger Beamter der Stadt; ganz allgemein im demokratischen Disput mit den Mitbürgern; vor allem vor den öffentlichen Gerichtshöfen. Nicht zufällig ist die Sophistik eng verbunden mit der antiken Rhetorik, also der Kunst der Rede. Den Sophisten wurde bald nachgesagt, sie lehrten ihre Schüler, wie sie »die schwächere Sache zur stärkeren machen« könnten – das Zitat findet sich in Protagoras' »Antilogien«. In Wahrheit ging es darum, Lust und Freude der Athener an kunstvollen Reden auszunutzen, um noch in aussichtslos scheinenden Fällen das Ruder herumzuwerfen. Insofern durften die Hörer von einem Sophisten erwarten, dass er sie lehrte, mit Hilfe der Redekunst ihr öffentliches Leben erfolgreich zu gestalten.

Einige Sophisten sind aber auch mit philosophischen Gedanken hervorgetreten, wie etwa der schon erwähnte Protagoras aus Abdera. Von ihm stammt der berühmte Homo-mensura-Satz: »Der Mensch ist das Maß aller Dinge, der seienden, dass sie sind, der nicht seienden, dass sie nicht sind.« Eine Aussage, die einerseits im Unterschied zur Naturphilosophie den Menschen in den Mittelpunkt rückt, andererseits alle menschliche Erkenntnis relativiert. Ein für das Klima in Athen, dessen Macht in der Ägäis jedes Maß vorgab, typisches Statement: Hatte die Stadt nicht wider jede Erfahrung den Sieg über die Perser errungen, zuerst sogar allein, in Marathon? War nicht gerade hier, im Unterschied zu allen anderen Griechenstädten, die Gleichheit der Bürger von ihnen selbst errungen und immer wieder verteidigt worden? Grundstürzende Ereignisse und Entwicklungen, für die es kein Vorbild, kein Drehbuch gab. Da konnte man schon auf die Idee kommen, dass die überkommenen Werte vielleicht nicht in jedem Fall ausreichen, das gegenwärtige Leben zu meistern oder die Zukunft zu gestalten. Protagoras äußerte sich auch skeptisch in religiösen Dingen und überspannte dabei offenbar den Bogen: Wie Anaxagoras soll er vor einer Anklage wegen Gottlosigkeit außer Landes geflohen sein. So weit ging die Offenheit der Athener nicht, dass sie die Existenz ihrer Götterwelt in Zweifel ziehen ließen.

Demokratie und Imperialismus

Unter einer demokratischen Staatsverfassung verstanden die Athener auch und vor allem die Freiheit des einzelnen, sich sein Leben nach seiner Façon einzurichten. In eigentümlichem Kontrast dazu stand ihr Verhalten als Hegemonialmacht in der Ägäis. Bestrebungen vermeintlicher »Bündnispartner« abzufallen wurden brutal und unnachgiebig bestraft. Die Zeitgenossen kamen aber nicht auf den Gedanken, ihr Verhalten könnte ihnen als widersprüchlich ausgelegt werden, wie auch die Unfreiheit des Sklaven nicht in Frage gestellt worden wäre. Das Spannungsverhältnis zwischen maximaler Freiheit und Selbstbestimmung im Inneren und imperialistischer Machtpolitik nach außen bestimmte spätestens seit der weitgehenden Entmachtung des Areopags das Denken und Handeln der Bürger Athens. Alle Bereiche des privaten und öffentlichen Lebens waren davon durchdrungen. Thukydides legt für das Jahr 430 v. Chr. dem Perikles Sätze in den Mund, die das Selbstverständnis der Athener jener Zeit auf einen Nenner bringen: »Als Hellenen herrschen wir über die meisten Hellenen, bestanden die schwersten Kriege gegen alle zusammen oder gegen einzelne und schufen eine Stadt, die in allem größten Überfluss und größte Macht besitzt.« Athen, so Perikles an anderer Stelle, sei »die Schule von Hellas«. Der beste Beweis dafür sei die Macht, »die wir dank unserer Eigenschaften errungen haben«. Darin unterscheide sich Athen von jeder anderen griechischen Stadt: »Wir brauchen keinen Homer als Künder unserer Taten«, denn »mit sichtbaren Zeichen« entfalte die Stadt ihre Macht. Ihr sei es zu verdanken, dass »aus aller Welt alle Güter bei uns einströmen«.

Tragödie und Komödie

Tragödie und Komödie sind athenische Schöpfungen. Schon in ältester Zeit begleiteten sie die wichtigsten Kultfeste, wie etwa die »Großen Dionysien«. Seit dem 6. Jahrhundert wurde gleichzeitig mit dem Fest zu Ehren des Weingottes Dionysos, das im März/April begangen wurde, ein Theaterwettstreit ausgetragen. Zunächst kamen nur Tragödien zur Aufführung, seit 486 auch Komödien. Nach der Jahrhundertmitte wurde während der Lenäen im Januar/Februar ein weiterer Bühnenwettkampf eingeführt. 26 dramatische Stücke kamen so Jahr für Jahr zur Aufführung. Fast nichts davon ist uns erhalten. Gerade einmal 32 Tragödien sind vollständig überliefert, aber auch nur von Aischylos, Sophokles und Euripides. Dazu elf Komödien des Aristophanes. Die älteste erhaltene Tragödie sind »Die Perser« des Aischylos. Das kann kein Zufall sein: Die erfolgreiche Abwehr der persischen Invasion war die Geburtsstunde der Großmacht Athen. »Die Perser« des Aischylos sind gleichsam ihre Geburtsurkunde. Chorege und damit Finanzier der Aufführung im Jahre 472 v. Chr. war übrigens der junge Perikles. Zehn vom Volk gewählte Juroren entschieden über die Preise. Ausgezeichnet wurden Dichter, Schauspieler und Choregen. Die erhaltenen »Klassiker« werden bis heute in immer neuen Inszenierungen auf die Bühne gebracht. Das spricht für die zeitlose Gültigkeit der Themen, wie etwa den Konflikt zwischen der hergebrachten göttlichen Ordnung und der Entscheidungsfreiheit des Einzelnen oder das Verhalten des in Schuld verstrickten Menschen angesichts des unabwendbaren Schicksals. Mythische Stoffe (Antigone, Medea, Prometheus, Ödipus) bildeten in der Regel den Hintergrund für die Behandlung grundlegender Fragen des menschlichen Daseins. Die Komödie dagegen griff mit beiden Händen in die politische und gesellschaftliche Wirklichkeit. Mit Lust, derber Sprache und deftigen Schwänken karikierten Aristophanes und seine Kollegen einzelne Persönlichkeiten Athens genauso wie den Zeitgeist. Von daher können wir die Komödien als Quelle für das Alltagsleben der damaligen Griechen nutzen. Aristophanes beispielsweise lässt uns noch zu Zeiten des Peloponnesischen Krieges daran teilhaben, wie die *marathonomachai*, die Marathon-Kämpfer, für sich den Anspruch auf besondere Ehren erheben.

+++ Salamis und die Perserkriege von der Antike bis heute +++

Die kriegerischen Entscheidungen bei Salamis und Plataiai hatten im Vergleich zum Kampf in der Ebene von Marathon deutlich weiter reichende Folgen. Dennoch machte Marathon im kulturellen Gedächtnis des Abendlandes die steilere Karriere. Auch die Schlacht bei den Thermopylen, obwohl militärisch unbedeutend und für die Griechen ein Debakel, ist den Heutigen in aller Regel präsenter als die eigentlich viel wichtigere Seeschlacht bei Salamis. Das hat seine Gründe.

Monumentale und schriftliche Erinnerung in der Antike

Es dauerte eine Weile, bis die Griechen realisiert hatten, dass sie die Sieger von Salamis waren. Zuerst konnten sie nicht glauben, dass Xerxes wirklich auf dem Rückzug war –, dann zögerten sie, den Erfolg auszunützen, schließlich verlegten sie sich zunächst darauf, auf Kosten »medisierender« Inseln die Kasse zu füllen. Erst dann gingen sie an die Verteilung der Beute.

Weihegaben für die Götter

Unter anderem wurden drei phönizische Trieren geweiht: eine an den Isthmos – Herodot hat sie selbst gesehen –, eine nach Kap Sunion in den Poseidon-Tempel und eine nach Salamis, dem hilfreichen Aias gewidmet. Auf der Insel finden sich außerdem noch Reste einer Siegessäule, eines Tropaions, wie es üblicherweise nach erfolgreichen Schlachten errichtet wurde. Auch auf der Insel Psyttaleia wurde ein Siegesmal errichtet. Nach Delphi wurden »die besten Stücke« geschickt, wie Herodot berichtet. Aus ihnen wurde ein Standbild des Apollon gefertigt: In der Hand trägt er einen Schiffsschnabel. Noch einmal der Augenzeuge Herodot: »Es steht dort, wo der goldene Alexandros von Makedonien steht.« Die Aigineten ließen eine spezielle Weihegabe anfertigen, angeblich auf ausdrückliche Nachfrage der gestrengen Gottheit: drei goldene Sterne, befestigt auf einem ehernen Mast. Laut Herodot waren sie in Delphi ganz nahe beim Mischkrug des Kroisos platziert. Ebenfalls auf Salamis sollen die Korinther ihren Gefallenen ein Ehrenmal aufgerichtet haben. Auf der Insel selbst und an den relevanten Kultstätten fehlte es also nicht an Erinnerungsstücken, die das Angedenken an den großen Sieg dauerhaft aufrechterhielten. Im Übrigen hatten die Athener noch für Jahrzehnte die Folgen der persischen Besatzung vor Augen: in Form von Ruinen und Bauschutt. Das bedeutendste Denkmal für Salamis allerdings ist ein literarisches: »Die Perser« von Aischylos.

Der Sieger schreibt die Geschichte

Monumentale, schriftliche und mündliche Überlieferung – auf persischer Seite Fehlanzeige, was die »griechischen Kriege« betrifft. Unser heutiges Wissen beziehen wir neben einigen archäologischen Funden überwiegend aus der überlieferten griechisch-römischen Literatur. Sie bildet allerdings nur ein winziges Fragment dessen, was im Altertum über die großen Auseinandersetzungen zwischen Persern und Griechen geschrieben wurde. Die Griechen, vor die Aufgabe gestellt, mit den legendären »Myriaden« des asiatischen Großreichs Krieg zu führen, mussten sich in der Rolle des David sehen, der es mit Goliath zu tun bekam. Sie hatten keine Chance – und nutzten sie. Diese Erfahrung schlug sich nieder auf das Selbstverständnis der Zeitgenossen. Sie sahen göttliche Kräfte am Werk – daher die geschuldeten Opfer – und nahmen zur Kenntnis, dass sie das Vordringen einer als unbezwingbar geltenden asiatischen Macht nach Europa gestoppt und zurückgeschlagen hatten. Eine gewisse Überlegenheit musste darin zu erkennen sein – im Denken vielleicht oder in einer anderen Besonderheit des Griechentums, die über das reine Kriegshandwerk hinausging. Schon Herodot hebt das Gegensatz-Paar der beiden Kontinente immer wieder hervor. Eine militärische Entscheidung mutierte so allmählich zu einer geradezu gottgewollten kulturellen Auseinandersetzung nicht nur zwischen Europa und Asien, sondern zwischen Gut und Böse, Freiheit und Unterdrückung, Demokratie und Despotismus. Mitte des 19. Jahrhunderts nahm Georg Wilhelm Friedrich Hegel den Ton auf, der in der Geschichtsschreibung bis vor wenigen Jahren nahezu einstimmig nachhallte: Marathon ist der erste Sieg des freien zivilisierten Westens gegen die orientalisch-barbarische Despotie. Erst seit kurzem macht diese seit der Antike tradierte Interpretation der Perserkriege allmählich einer anderen Betrachtungsweise Platz. Wir kommen darauf zurück.

Bezeichnend ist, dass Hegel von Marathon spricht und nicht von Salamis oder Plataiai. Tatsächlich besiegten am Strand von Marathon freie Griechen zum ersten Mal ein Heer des persischen Weltreichs, doch steht Marathon in diesem Zusammenhang für mehr. Es symbolisiert die behauptete Überlegenheit des Westens gegenüber dem Osten. Dabei hätte aus Marathon niemals ein Mythos entstehen können, wenn Xerxes zehn Jahre später seine Kriegsziele verwirklicht hätte. Es wäre ein Augenblickserfolg geblieben, eine Fußnote der Geschichte. Vielleicht wüssten wir gar nichts davon, wie von so vielen kriegerischen Auseinandersetzungen jener Zeit. Marathon konnte nur deswegen zum Markstein griechischer Historie emporsteigen, weil es die Seeschlacht bei Salamis und die Gefechte vor Plataiai gab. Diese beiden Waffengänge gaben Marathon nachträglich seinen Sinn. Athen gab mit seiner Entschlossenheit, seinem großen Flottenkontingent und der Bereitschaft, alles in die Waagschale zu werfen, mit Sicherheit den Ausschlag für den glücklichen Ausgang der Schlacht und damit des ganzen Krieges. Trotzdem waren und sind es in erster Linie die Athener, die Salamis eher klein- und Marathon eher großgeredet haben. Und auch die Spartaner nahmen in ihrer Tradition vor allem Bezug auf den unglücklichen, aber bei den Thermopylen unglaublich tapfer kämpfenden Leonidas – weniger auf Plataiai, wo doch mit Pausanias einer der Ihren maßgeblich den Erfolg erfochten hatte, und schon gar nicht auf Salamis.

Marathon macht Karriere

Die Erinnerung an die Schlacht von Marathon verließ zunächst nicht den üblichen Rahmen: Ein schlichter Holzpfahl, an dem eine eroberte Rüstung hing, stand am Ort der Entscheidung – das Tropaion. Für den gefallenen Polemarchen Kallimachos errichtete sein Heimat-Demos eine Siegesstatue auf der Akropolis. Und natürlich gab es die üblichen Weihegeschenke an die Götter. Miltiades stiftete darüber hinaus eine Statue des Pan, der dem Schnellläufer erschienen sein soll. Beschriftet war der Sockel mit einem Spruch des Dichters Simonides. Ein jährliches Opferfest mit Fackellauf unterhalb der Akropolis erinnerte an das vergossene Blut und den großartigen Erfolg. Auch am Schlachtfeld selbst wurde noch jahrhundertelang alljährlich der Sieg über Dareios' Perser feierlich begangen. Aus dem Rahmen fiel der Grabhügel für die 192 Gefallenen: Die Toten wurden an Ort und Stelle verbrannt und beigesetzt. Der Hügel – er ist noch heute zu sehen – erreicht eine Höhe von zehn Metern und hat einen Durchmesser von fünfzig Metern. Auf Stelen verewigte jede der zehn Phylen ihre toten Helden.

In der Zeit zwischen Salamis und dem Peloponnesischen Krieg, die an Schlachten wahrlich nicht arm war, diente die Erfahrung der Perserkriege als eine Art von Selbstvergewisserung des Hellenentums. Man beurteilte sich gegenseitig danach, wie man es damals, »als der Meder kam«, mit diesem gehalten hatte. Auf der Siegerseite standen die knapp drei Dutzend Poleis der Eidgenossenschaft, allen voran Athen und Sparta. Sie nutzten ihr Prestige, sich eine neue Machtposition zu schaffen wie im Falle Athens oder die bestehende zu erhalten wie Sparta. In der bildenden Kunst ist zu beobachten, wie der persische Feind nun auch kulturell als unterlegen dargestellt wird, bis hin zur Abbildung von sexuellem Missbrauch des siegreichen Griechen. Erst jetzt bekommt der Begriff »Barbar« als allgemeine Bezeichnung für Nichtgriechen einen negativen Beiklang im Sinne von kultureller Unterlegenheit. Dass es einen Unterschied ausmacht, ob freie Bürger für ihr Gemeinwesen kämpfen oder unfreie Untertanen in den Krieg gezwungen werden, wird zum Gemeinplatz hellenischer Dichtung und Geschichtsschreibung. Herodot wird nicht müde, diesen Aspekt zu betonen. Er recherchiert und schreibt zwei Generationen nach Salamis. Die Vorstellung von der Überlegenheit »westlicher« Freiheit über »östliche« Gewaltherrschaft war zu seiner Zeit bereits tief im kollektiven Bewusstsein der Griechen verankert. Und doch arbeitete Athen ein weiteres Alleinstellungsmerkmal heraus, um sich innerhalb des Hellenentums von seinem großen Rivalen auf der Peloponnes abzusetzen. Schon wenige Jahre nach den gemeinsamen Abwehrerfolgen gegen Xerxes' Armee und Flotte gelang der erste propagandistische Schlag: Mit Gründung des Seebundes übernahm Athen die führende Rolle in der antipersischen Abwehrfront. Zum Protagonisten dieses Kampfes, der sich noch drei Jahrzehnte hinzog, avancierte Kimon, Sohn des Miltiades, des Siegers von Marathon. Kimon, Athens starker Mann jener Jahre, scheint den Anstoß gegeben zu haben für die Aufwertung des Kriegsereignisses bei Marathon. Seit den 460er Jahren entsteht in Attika eine veritable Erinnerungslandschaft, die das Gefecht am Strand in einen mythischen Zusammenhang stellt. Hinter diesem Programm traten Salamis und Plataiai allmählich zurück.

Eine zehn Meter hohe Säule aus weißem Marmor ersetzt auf dem Schlachtfeld von Marathon das vergängliche schlichte Tropaion. Eine Skulptur thront auf dem ionischen Kapitell. In unmittelbarer Nähe lässt Kimon seinem Vater Miltiades ein Monument errichten. Den Höhepunkt der Erinnerungskultur schafft aber der Maler Polygnot – vermutlich im Auftrag des Kimon – mit einem Wandgemälde in der Stoa Poikile, der »Bunten Halle«, an der Nordseite der Agora. Dem Sieg von Marathon wird hier durch zahlreiche Anspielungen ein Platz in der ewigen Welt des griechischen Mythos zugewiesen. Herakles taucht ebenso auf wie Theseus, Athens Gründerheros. Erst vor kurzem hatte Kimon die Insel Skyros erobert und die dortigen Bewohner vertrieben. Dann hatte er feierlich die Gebeine des Theseus, der auf Skyros gestorben sein soll, nach Athen überführt und im Theseion bestatten lassen. Somit waren die Leistungen Kimons untrennbar verknüpft mit der Legende von Marathon. Der ideologische Hintergrund trägt aber noch weiter: Mit Marathon verband der athenische Adel, das gesellschaftliche Rückgrat des Kimon, den Triumph der von ihm getragenen Hopliten-Phalanx.

Dagegen bevorzugten die ärmeren Schichten die Erinnerung an Salamis, das ohne die Masse an Ruderern nicht möglich gewesen wäre. Indes hatten sie nicht die Mittel, der monumentalen Propaganda eines Kimon etwas entgegenzusetzen. Hinzu kam das wachsende Bedürfnis Athens, sich als Retter ganz Griechenlands zu stilisieren. Davon zeugen Inschriften von der Agora, die in die Zeit zwischen 475 und 465 datiert werden. Ein Echo der damaligen hellenischen Bewusstseinslage ist zu hören, wenn Herodot in seiner Schilderung der Ereignisse vor Plataiai die Tegeaten und Athener darüber streiten lässt, wer wohl den Ehrenplatz auf dem linken Flügel verdient habe. Den Rückgriff Tegeas auf seine Verdienste in mythischer Zeit – die von den Griechen als reale Geschichte betrachtet wurde – kontert Athen mit seinen eigenen Heldentaten gegen die Amazonen und vor Troja. Aber, so fügen die Athener an, selbst wenn sie in der Vorzeit nichts geleistet hätten, »so verdienen wir doch schon des Kampfes bei Marathon wegen diese Ehre zu genießen und noch andre dazu, weil wir die einzigen von allen Hellenen sind, die allein den Kampf gegen die Perser bestanden.«

»Sie sind für die Freiheit der Griechen gestorben«

Auf dem Schlachtfeld von Plataiai feierten die Griechen alle vier Jahre »Freiheitsspiele« zu Ehren des Zeus Eleutherios, des »Befreiers«. Jährlich wurde zudem der Toten gedacht. Noch Plutarch, der aus dem nahen Chaironeia stammte, erlebte mehr als fünfhundert Jahre später diese »gemeingriechische Zusammenkunft«. Der Höhepunkt der Zeremonie ist gekommen, wenn der plataiische Archon einen Krug Wein ausgießt und feierlich ruft: »Ich trinke den Männern zu, die für die Freiheit der Griechen gestorben sind.« Derlei gesamthellenische Erinnerung wärmte spätestens seit Ende des 4. Jahrhunderts v. Chr. die Seelen, als Makedonien unter Philipp II. die Geschicke Griechenlands in die Hand genommen hatte und das klassische Hellas unwiderruflich untergegangen war. Philipps Sohn Alexander der Große löschte dann unter dem Schlachtruf »Rache für die Perserkriege« das Achaimeniden-Reich von der antiken Landkarte. Als geschichtsbewusster Schüler des Aristoteles versäumte er nicht, die von Xerxes geraubten Statuen der berühmten »Tyrannenmörder« Harmodios und Aristogeiton von Susa nach Athen zurückbringen zu lassen. Die beiden Männer hatten um 514 v. Chr. des Hippias' Bruder Hipparchos ermordet, um sich seiner sexuellen Avancen zu erwehren. Mangels anderer Helden des politischen Systemwechsels wurden sie schon bald als Vorkämpfer der Demokratie gefeiert. Der große Alexander wiederum galt den römischen Kaisern seit Nero als Vorbild im Kampf gegen östliche Reiche, im Falle Roms die Parther. Nero und seine Nachfolger förderten die Erinnerungszeremonie in Plataiai und ließen sich mit dem dort gefeierten Zeus Eleutherios identifizieren.

Von einem unfähigen Feldherren befreit ...

So wie Marathon zum zentralen Gedenkort Athens für die Leistungen der Polisgemeinschaft in den Perserkriegen gemacht wurde, erkoren sich die Spartaner den Kampf bei den Thermopylen zum Erinnerungsmonument für Durchhaltewillen und Tapferkeit bis zum Tod. Jährlich feierte man zu Ehren des gefallenen Königs die »Leonideen« genannten Spiele. Noch heute streitet sich die Forschung über die Frage, warum der König, als er den Verrat bemerkte, sich mit seinen Spartiaten und fremden Hilfstruppen nicht zurückzog und in Sicherheit brachte. An den Thermopylen auszuharren und sich abschlachten zu lassen machte militärisch jedenfalls keinen Sinn. Der Historiker Karl Julius Beloch ging vor rund hundert Jahren so weit zu behaupten, die Katastrophe an den Thermopylen habe nur einen einzigen Vorteil für die griechische Sache gezeitigt: »Sie hat das Bundesheer von einem unfähigen Oberfeldherrn befreit und die Bahn frei gemacht für den Mann, der es im folgenden Jahre bei Plataiai zum Siege führen sollte.« Vielleicht wollte Leonidas durch sein heroisches Opfer ja das Versäumnis kaschieren, den ihm bekannten Umgehungspfad nur ungenügend gesichert zu haben. Fehler in der Kriegsführung konnten zu Hause zum Verlust der Ehre führen, der Heldentod dagegen garantierte Leonidas die Unsterblichkeit. Dafür sorgte vor allem auch eine Inschrift des Simonides am Ort des blutigen Geschehens, die schon Herodot las. Schiller brannte sie ins kulturelle Gedächtnis der Deutschen ein: »Wanderer, kommst du nach Sparta, verkündige dorten, du habest uns hier liegen gesehn, wie das Gesetz es befahl.«

Mit dem Abwehrkampf bei den Thermopylen konnte Sparta seinen Mythos von der Aufopferung für das Vaterland pflegen. Er passte perfekt zum spartanischen Militärstaat. Bei Plataiai hatte dagegen mit Pausanias ein Feldherr gesiegt, der wenig später in Ungnade gefallen war. Die Erinnerung an Marathon gerann allmählich zur mythisch überhöhten Gründungslegende des demokratischen Athens, das damit einen panhellenischen Anspruch verknüpfte. Salamis und der entscheidende Beitrag Athens zum Seesieg wurde zwar gelegentlich noch als politisches Pfund auf die Waagschale geworfen, es trat jedoch hinter Marathon zurück, wohl auch wegen Themistokles – wie Pausanias war er der öffentlichen Ächtung anheim gefallen. Auf dem Schlachtfeld von Plataiai besannen sich die Griechen auf ihren gemeinsam geführten Abwehrkampf, vor allem die kleineren Poleis und vor allem zu Zeiten, als Hellas nur noch am Rand der europäischen Geschichte stand. Doch auf die Schlacht bei Salamis, immerhin das größte Seegefecht der Antike, bezog sich in späteren Zeiten nur noch Octavianus, der nachmalige Kaiser Augustus. Den Rivalen Antonius, der bekanntlich mit Kleopatra in Ägypten lebte, bei Actium auf dem Wasser geschlagen zu haben, so Octavianus, entspreche einem neuen Erfolg des Westens über den Osten, vergleichbar nur mit dem 450 Jahre zuvor errungenen Sieg der Griechen über die Perser bei Salamis.

Die Rezeption der Perserkriege in der Neuzeit

»Wenn Xerxes bei Salamis gewonnen hätte, dann wären wir alle noch immer Barbaren«, schrieb der große französische Schriftsteller und Aufklärer Voltaire im 18. Jahrhundert. Was geschehen wäre, wenn ... sei fürs Erste dahingestellt. Voltaire drückte aus, was bis heute Gemeingut abendländischer Geschichtsbetrachtung geblieben ist: Die Perserkriege entschieden über Freiheit oder Knechtschaft, kulturelle Blüte oder geistige Verarmung. Im 19. Jahrhundert dozierte Deutschlands berühmtester Philosoph Hegel: »Niemals in der Weltgeschichte hat sich die Überlegenheit der geistigen Kraft über die Masse, und über eine nicht verächtliche, in solchem Glanze gezeigt.« Marathon, Salamis, Plataiai sind laut Hegel »welthistorische Siege: Sie haben die Bildung und die geistige Macht gerettet und dem asiatischen Prinzipe alle Kraft entzogen«. Im Zeitalter des Philhellenismus hatte Europa das klassische Hellas gerade dem Osmanischen Reich abgerungen und sozusagen heimgeholt in den europäischen Kulturkreis. »Asien« und der »Osten« wurden synonym für ein unchristliches, ungebildetes und damit unzivilisiertes Unterdrückerregime verwendet. Der osmanische Sultan stand in direkter Nachfolge des Xerxes, der es gewagt hatte, die Streitaxt an das kulturelle Fundament des Westens zu setzen, noch ehe es richtig gelegt worden war.

Lepanto als neues Salamis

Im 16. Jahrhundert rief sich das christliche Abendland die Schlacht von Salamis zum ersten Mal in Erinnerung. Anlass und Ort des Geschehens zeigten deutliche Parallelen: 1571 bestritten die Osmanen unter Ali Pascha und die Heilige Liga unter Don Juan de Austria in der Meerenge des Golfs von Patras bei Lepanto im Norden der Peloponnes die letzte Galeerenschlacht der Geschichte. Mehr als vierhundert Schiffe waren daran beteiligt, annähernd vierzigtausend Menschen sollen binnen weniger Stunden ihr Leben gelassen haben. Spanien und Venedig stellten, gefördert durch den Papst, die Hauptstreitmacht auf christlicher Seite und behielten in der Schlacht die Oberhand. Der befürchtete Vorstoß der Osmanen ins westliche Mittelmeer war damit verhindert, der Nimbus der Unbesiegbarkeit der türkischen Flotte gebrochen. Aus Sicht der christlichen Propaganda war Europa durch das Opfer von Lepanto vor dem Ansturm des ungläubigen Ostens genauso bewahrt worden wie zu Zeiten des Themistokles in der Meerenge von Salamis.

Der Sieg des »reineren Blutes«

Je nach politischer Großwetterlage konnte der »Osten« problemlos von der Türkei und dem Orient im engeren Sinne auf ganz Asien ausgedehnt werden. Noch 1979, auf dem Höhepunkt des Kalten Krieges, hielt es der Iranist Walter Hinz für geboten, Parallelen zu ziehen zwischen Dareios, Zar Nikolaus und Stalin: »Die beiden Großmächte im Osten [Russland und die Sowjetunion sowie das Perserreich] unterstanden stets einem unumschränkten Alleinherrscher. Dieser ... versuchte, die kleine Freiheitsmacht im Westen zu unterjochen.« Dem Osten sei ein »Hang zum Religiösen und Mystischen zuzuerkennen, dem Westen ein stärkerer Sinn für philosophisches Denken«. Noch ein Stück weiter ging 1944 der Althistoriker Friedrich Schachermeyer: Er attestierte ganz im Sinne der herrschenden Doktrin den Griechen eine rassische Überlegenheit, die sie zum Erfolg führen musste: »So war es ein Sieg des reineren nordischen Blutes über das bereits stärker durchsetzte, des volkhaften Nationalbewußtseins über die Weltherrschaftsideologie, des gesunden, organischen Wachstums über mechanische Machtkonstruktionen und letzten Endes ein Sieg Europas über den Orient.« Auch nach der Niederlage des »reineren Blutes« von 1945 sprach Kriegsteilnehmer Hermann Bengtson in seinem bis heute grundlegenden Handbuch zur griechischen Geschichte den Hellenen das Verdienst zu, dem »Ansturm des Ostens« widerstanden zu haben. Erst dadurch sei »Europa als Idee und Wirklichkeit geboren« worden: »Wenn wir uns heute als denkende, freie Menschen fühlen, so haben jene die Voraussetzung dafür geschaffen.« Der britische Panzergeneral, Kriegshistoriker und Faschist John Fuller sah in der Schlacht von Marathon gar den »Geburtsschrei Europas«. Hermann Göring rechtfertigte die Durchhalteparolen der deutschen Reichs- und Heeresleitung in der Schlacht von Stalingrad am 30. Januar 1943 mit der »höheren Idee« des Opfertodes für das Vaterland: »Und es wird auch einmal heißen: Kommst du nach Deutschland, so berichte, du habest uns in Stalingrad liegen sehen, wie das Gesetz, das heißt das Gesetz der Sicherheit unseres Volkes, es befohlen hat.«

Änderung des Blickwinkels

Schon in den 1950er Jahren wies der Althistoriker Hans Schäfer auf ein wesentliches Faktum hin, das gern übersehen wurde: »Große Teile des Griechentums« hatten nicht nur Sympathie für die Perser, sondern lebten seit vielen Jahrzehnten unter deren Herrschaft, ohne dass ihre Geistesleistung darunter litt. Im Übrigen hielten sich einige Poleis wie Argos oder die unteritalienischen Griechen ganz aus dem Konflikt heraus. Vor Salamis und bei Plataiai kämpften Griechen in großer Zahl auf beiden Seiten. Erst seit dem letzten Drittel des 20. Jahrhunderts erweitert die historische Forschung ihre eurozentrische Wahrnehmung allmählich um die persische Perspektive. Dabei fiel plötzlich auf, dass die Zeitgenossen von Themistokles, Pausanias und Co. mit dem konstruierten Gegensatz der Kulturen nicht sehr viel anfangen konnten. Noch bis weit ins 4. Jahrhundert v. Chr. hinein war es für viele Griechen eine Selbstverständlichkeit, dem Großkönig ihre Dienste anzubieten. Der Mediziner Ktesias von Knidos brachte es um 400 bis zum Leibarzt Artaxerxes' II. Zur selben Zeit war es dem König gelungen – nahezu ohne Truppeneinsatz übrigens –, sich zum Patron der innergriechischen Verhältnisse zu machen. Ohne Susa ging in Hellas nun nichts mehr, und die kleinasiatische Küste war dem Reich längst wieder einverleibt. Aus Sicht der heutigen Iranistik war 480/79 in den »griechischen Kriegen« zwar die Expansion nach Westen zum Stehen gekommen, am Anspruch des Xerxes und seiner Nachfolger, die Ägäis ihrem Willen zu unterwerfen, änderte das jedoch nichts. Hundert Jahre nach Xerxes war das Ziel de facto erreicht. Artaxerxes diktierte den Hellenen 387 seinen »Königsfrieden« und gewährte ihnen großzügig innere Autonomie. Nach Hermann Bengtson hatte »die Großmacht des Ostens den Griechen den Fuß auf den Nacken gesetzt: ewige Ohnmacht und Knechtschaft schienen das Los der Griechen geworden zu sein«. Demgegenüber betont die neuere Forschung den Erfolg des Perserkönigs und die Unfähigkeit der Griechen, sich aus eigener Kraft zu einem allgemeinen Frieden durchzuringen.

Xerxes wird rehabilitiert

Plataiai und Salamis sind im allgemeinen Bewusstsein unserer Tage als Wegmarken europäischer Geschichte nahezu unbekannt. Im kulturellen Gedächtnis des Abendlandes ist für beide kein Platz. Mit Marathon verbindet fast jedermann zumindest eine Legende und den daraus entwickelten modernen Langstreckenlauf. Ebenso stehen die Thermopylen für das heroische Exempel der Vaterlandstreue bis in den Tod, wenn auch derlei Heldentum aus nachvollziehbaren Gründen kaum noch Vorbildcharakter hat. Bei der Schlacht bei Plataiai reichte die Ausstrahlung schon seit der Antike kaum über Griechenland hinaus und wurde wie gesehen bestenfalls von den römischen Imperatoren innenpolitisch instrumentalisiert. Salamis, die unmittelbare Voraussetzung für Athens Aufstieg zu militärischer Größe und zur Wiege des Abendlandes, verschwand nahezu aus dem kollektiven Gedächtnis der Europäer.

Die Geschichtswissenschaft indessen diskutiert die Ereignisse und deren Folgen verstärkt. Einen wichtigen Anstoß gab in den 1980er Jahren der Nachbau einer griechischen Triere durch die

Briten John S. Morrison und John F. Coates. Mit professionellen Ruderern führten sie in griechischen Gewässern zahlreiche Fahrten durch und lieferten so wichtige Hinweise darauf, wie vor 2500 Jahren der Seekrieg geführt worden sein könnte. Insgesamt jedoch sind die aus der Antike überlieferten Nachrichten über den Schlachtverlauf so ungenau, dass die modernen Interpretationen teilweise erheblich voneinander abweichen. Gemeinsam ist allen Forschermeinungen nur eines: Xerxes gab seiner Flotte nach dem Tag von Salamis keine Chance mehr, obwohl man nicht von einer totalen Niederlage sprechen konnte. Damit läutete aus griechischer Sicht der König selbst die Wende ein. Von Susa aus betrachtet war ein teurer Feldzug an die Peripherie des Reiches verloren gegangen, und Xerxes musste zusehen, dass die militärische Schlappe nicht zu gefährlichen Aufständen an anderer Stelle führte. Diese Aufgabe hat er gemeistert. Wegen des gescheiterten Griechenland-Abenteuers hatte der Nachfolger des Dareios zweieinhalb Jahrtausende lang eine extrem schlechte Presse. In der Wissenschaft ist er inzwischen rehabilitiert – ein langer Weg.

Wenn Xerxes bei Salamis gesiegt hätte ...

… wäre die Weltgeschichte auf lange Sicht auch nicht anders verlaufen. Oder doch? Was wäre geschehen, wenn sich in Hellas nicht der Dualismus zwischen Athen und Sparta hätte herausbilden können, wenn es keinen Seebund unter athenischer Hegemonie gegeben hätte? Griechenland unter persischer Herrschaft – ist diese Perspektive gleichbedeutend mit der Unterdrückung jeglichen Geisteslebens und individueller Persönlichkeitsentfaltung, mit Despotie und kultureller Rückständigkeit? Es sind auch andere Modelle denkbar.

Xerxes erobert Griechenland – Szenario I

Ein anderer Ausgang der Seeschlacht hätte zu folgendem führen können: Der Sieg vor Salamis eröffnete dem Großkönig trotz vorgerückter Jahreszeit die Chance, auf die Peloponnes zu marschieren. Genau genommen hatte er keine andere Wahl: Attika konnte seine Armee nicht mehr ernähren. Ein Stopp des Feldzugs hätte den Griechen Zeit gegeben, sich neu zu sammeln und die Verteidigung zu organisieren. Mit Hilfe der Flotte nahmen die Perser zuerst die griechischen Stützpunkte Salamis, Aigina und Troizen ein, während Mardonios in wenigen Tagen gegen den Isthmos vorrückte. Die Allianz der Widerspenstigen hatte nicht lange gehalten. Zu demoralisiert waren die übrig gebliebenen Truppenteile nach dem Gemetzel am Fuß des Aigaleos. Diejenigen, denen die Flucht gelang, segelten nach Hause und dachten in erster Linie an sich selbst. Hinter dem Wall am Isthmos – das meldeten dem Xerxes die perserfreundlichen Argeier – machte sich Verzweiflung breit. Die Heloten sehnten insgeheim die Befreiung vom spartanischen Joch herbei. Ein Hauch von Aufstand lag in der Luft. Er band einen guten Teil der gefürchteten spartanischen Hopliten in Lakedaimon. Zudem mussten Truppen von der Mauer abgezogen werden, um die wichtigsten Hafenstädte zu schützen. Doch alle Anstrengungen halfen nichts. Mardonios' Truppen überwanden den Wall, wenn auch unter gewaltigen Verlusten, und marschierten gegen Sparta. An den Küsten verbreitete die phönizisch-ägyptisch dominierte Flotte Angst und Schrecken. Ende Oktober hatte Xerxes den größten Teil der Peloponnes unter Kontrolle. Im perserfreundlichen Achaia verbrachte er den Winter. Von hier aus schickte er eine Botschaft nach Susa: »Ganz Griechenland ist unterworfen.«

Spinnen wir den Faden noch ein wenig weiter: Die Auseinandersetzungen mit den Spartanern dauerten noch jahrelang. Immer wieder regte sich Widerstand, die meisten Griechen arrangierten sich jedoch mit den neuen Herren. Der Großkönig setzte seinen treuen Artabazos als Satrap von Hellas in Athen ein. Mit großzügigen Spenden halfen die Perser jenen Athenern, die sie nicht deportiert oder ermordet hatten, ihre Stadt und vor allem die Akropolis wieder aufzubauen. Xerxes ordnete an, dass ein großer Athena-Tempel gebaut werden sollte. Die athenischen Trieren wurden in die persische Flotte eingegliedert, zusammen mit denen aus Aigina und den anderen ehemaligen Verbündeten der antipersischen Allianz. Stadtherren von Athen wurden die Nachfahren des Peisistratos und des Hippias. Allerdings mussten sie akzeptieren, dass die Volksversammlung ein wichtiges Wort mitzusprechen hatte. Der Piräus wurde zum zentralen Flottenstützpunkt für die gesamte Ägäis ausgebaut. Tag und Nacht wurde hier an neuen Kriegsschiffen gebaut.

Und die vor Salamis überlebenden Athener? Wären sie in ihre Heimat zurückgekehrt? Ein großer Teil konnte sich nach Unteritalien retten. In Siris, nicht weit von Tarent, hätten sie versucht, unter der Führung des Aristeides eine attische Kolonie zu etablieren. Angenommen, der Versuch wäre geglückt: Alsbald strömen Exilanten aus allen Teilen Griechenlands nach Siris. Sie eint ein Gedanke: Rache für Salamis! Philosophen, Sophisten, Dramatiker, Dichter, bildende Künstler, tatkräftige Männer alter Adelshäuser und aufstrebende Politiker mit neuen Ideen – in Siris sammelt sich der Widerstand gegen die persische Besatzung. Man hält Kontakt ins Mutterland und unterstützt den offenen und den verdeckten Kampf gegen Artabazos. Am Modell der Isonomie halten die Athener auch im Exil fest. Doch die Flotte war durch Salamis fürs erste diskreditiert. Kimon erinnert wiederholt an den unglaublichen Erfolg von Marathon und sorgt für die allmählich kultische Züge annehmende Verehrung der damaligen Helden, allen voran Miltiades. Die Hopliten-Phalanx erobert sich im Polisgefüge ihren früheren Rang zurück. Der vierte Stand, die Theten, bleibt dagegen politisch bedeutungslos. Während Kimon und seine Freunde aus dem alten Adel die Fortsetzung des antipersischen Kampfes propagieren, setzt die nächste Generation um den jungen Perikles auf den Ausbau der Macht in Italien. Zumal Gelon, Tyrann von Syrakus und Bezwinger der Karthager im Jahre 480, keinen Zweifel an seinem Anspruch auf Hegemonie lässt: Es kann nur eine hellenische Großmacht geben.

Der griechische, speziell athenische Geist wäre nach diesem Szenario nicht vor Salamis untergegangen, sondern hätte sich westwärts verlagert. Der Beitrag Athens zur Geschichte, Philosophie und Dichtkunst des Abendlands sowie die Idee von der freien Entfaltung der Persönlichkeit in einer Gemeinschaft von Bürgern gleicher Rechte – all das hätte sich auch an einem anderen Ort durchsetzen und seine Wirkung entfalten können. In diesem Fall wäre das aufstrebende Rom natürlich früher mit griechischer Kultur und hellenischem Geist in Berührung gekommen. Eine anregende Vorstellung. Es ist keineswegs ausgemacht, dass die germanischen Völker tausend Jahre später, am Übergang zum Mittelalter, bei ihren Einfällen nach Italien eine wesentlich andere Konstellation der Mächte vorgefunden hätten, als es tatsächlich der Fall war. Der Hefeteig der mediterranen Überlieferung hätte vielleicht eine etwas andere Zusammensetzung gehabt, möglicherweise mit höheren Anteilen persischer Kultur, denn einen Alexander-Zug hätte es vermutlich nicht gegeben. Aufgegangen wäre er trotzdem in ganz ähnlicher Weise. Wenn also Voltaire im 18. Jahrhundert sagt, wir wären alle »immer noch Barbaren«, hätte Xerxes damals gesiegt – und er war beileibe nicht der einzige, der sich so äußerte –, dann spricht daraus in erster Linie eine antiorientalische Haltung im Zeichen des erblühenden Philhellenismus. Die Türken hielten Griechenland damals seit über drei Jahrhunderten besetzt und erstickten aus westlicher Sicht jedes unabhängige Geistesleben. Der so empfundene Gegensatz zwischen Orient und Okzident führte Voltaire und anderen die Feder.

Xerxes erobert Griechenland – Szenario II

Szenario I setzt voraus, dass es den Griechen, vor allem den Athenern, nach einer Niederlage bei Salamis gelungen wäre, Menschen in nennenswerter Zahl aufs italienische Festland zu retten. Der kritische Punkt liegt in der Tat zwischen dem Ende der Schlacht und der Fortsetzung des Krieges durch die persische Flotte. Hätte diese sofort zugeschlagen und die Zufluchtsorte Salamis, Aigina und Troizen mitsamt Zigtausenden von Flüchtlingen mit Mord und Totschlag überzogen, wäre es vermutlich sehr schwer gewesen, erneut so etwas wie ein athenisches Gemeinwesen auf die Beine zu stellen. In einigen Fällen, etwa in Milet 494 v. Chr., war die Rache des Großkönigs fürchterlich gewesen.

Dennoch kann keine Rede davon sein, dass sämtliche Milesier umgebracht oder verschleppt worden seien. In jeder griechischen Stadt fristete eine perserfreundliche Partei ihr Dasein, die im Zweifelsfall Speer bei Fuß stand, so auch in Athen. Die Stadt wäre sicher nicht entvölkert gewesen, aber die Zusammensetzung der Schichten doch eine andere. Um uns vorstellen zu können, wie ein vom Perserreich beherrschtes Griechenland sich weiterentwickelt haben könnte, müssen wir die athenische Brille absetzen. Die »Monopolisierung der Geschichte der Perserkriege« durch Athen nennt der Historiker Karl-Joachim Hölkeskamp den erfolgreichen Versuch, die Sicht der Nachwelt auf die Geschehnisse jener Zeit im Wesentlichen auf die Leistungen dieser einen Stadt zu verengen. Und doch ist es nicht zu weit hergeholt, sich vorzustellen, dass die Perser ein griechisches Geistesleben zugelassen hätten – wie schon seit über sechzig Jahren in Ionien, der Wiege der abendländischen Naturphilosophie. Auch begrenzte Selbstverwaltung würde Xerxes den Poleis in Hellas gewährt haben, solange sie die persische Oberhoheit anerkannten und regelmäßig Tribut zahlten. Neben Athen hätten sich auch andere kulturelle Zentren entwickeln können, die in der realen Geschichte aufgrund der athenischen Dominanz keine Chance hatten. Eines freilich wäre niemals versiegt: der Freiheitswille der Griechen. Vielleicht hätte einige Jahrzehnte nach Salamis ein panhellenischer Aufstand die persische Ära auf dem Balkan wieder beendet.

Anhang

Zeittafel

ca. 550 v. Chr.	Der persische König Kyros II. besiegt den Mederfürsten Astyages und plündert Ekbatana
547	Kyros nimmt die lydische Hauptstadt Sardeis ein, Ende des Lyderreiches unter Kroisos
ca. 545	Persische Eroberung der kleinasiatischen Griechenstädte
539	Eroberung Babylons
525	Kambyses gliedert Ägypten ins Perserreich ein
522	Nach Kambyses' Tod setzt sich Dareios als Thronfolger durch
514	Ermordung des Peisistratiden Hipparchos in Athen durch Harmodios und Aristogeiton
ca. 513	Skythenfeldzug des Dareios
510	Sturz des Tyrannen Hippias in Athen mit spartanischer Hilfe
508/07	Vertreibung des Isagoras, Reform der athenischen Staatsverfassung durch Kleisthenes (Phylenreform)
506	Erfolgreiche Abwehr der Angriffe auf Athen, Bündnis-Verpflichtung gegenüber dem Satrapen Artaphernes
500/499	Beginn des ionischen Aufstands
494	Seeschlacht bei der Insel Lade besiegelt ionische Niederlage
494/93	Erstes Archontat des Themistokles, Beginn des Ausbaus des Piräus
492	Feldzug des Mardonios nach Thrakien und Makedonien
490	Strafexpedition des Datis und Artaphernes in die Ägäis, Schlacht bei Marathon
486	Tod des Dareios, Xerxes wird sein Nachfolger
ca. 485	Niederschlagung des ägyptischen Aufstands durch Xerxes

483	Beginn der persischen Rüstungen für die Heeres- und Flottenexpedition gegen Griechenland
483/82	Beginn des athenischen Flottenbaus auf Initiative des Themistokles
481	Xerxes trifft in Sardeis ein
481	Gründung des Hellenenbundes
480	Frühjahr: Xerxes überschreitet den Hellespont August: Das persische Heer besiegt ein griechisches Kontingent bei den Thermopylen; Seeschlacht am Kap Artemision; Rückzug der Griechen, Räumung Attikas und Athens September: Sieg der griechischen Flotte bei Salamis; Rückzug des Xerxes nach Sardeis; Überwinterung seines Heeres in Thessalien
480	Sieg des Tyrannen Gelon von Syrakus über die Karthager am Himera
479	Doppelsieg der Griechen bei Plataiai und bei Mykale
479/78	Mauerbau in Athen; Abfall kleinasiatischer Griechenstädte von den Persern; Eroberung von Byzantion unter dem Oberbefehl des Pausanias
478/77	Gründung des Delisch-Attischen Seebundes
ca. 467/66	Kimon triumphiert über die Perser in der Doppelschlacht am Eurymedon
ca. 465	Ermordung des Xerxes', Artaxerxes neuer König
460	Beginn des Baus der »Langen Mauern« in Athen; Flottenexpedition nach Ägypten
454	Vernichtung der Flotte in Ägypten durch die Perser; Verlagerung des Sitzes und der Kasse des Seebundes von Delos nach Athen
449/48	Einigung zwischen dem Seebund und dem Perserreich auf die jeweiligen Einflusssphären in der Ägäis (»Kallias-Frieden«, umstritten)
446/45	Dreißigjähriger Frieden zwischen Athen und Sparta vereinbart
431–04	Peloponnesischer Krieg

Anhang

Zeittafel

ca. 550 v. Chr.	Der persische König Kyros II. besiegt den Mederfürsten Astyages und plündert Ekbatana
547	Kyros nimmt die lydische Hauptstadt Sardeis ein, Ende des Lyderreiches unter Kroisos
ca. 545	Persische Eroberung der kleinasiatischen Griechenstädte
539	Eroberung Babylons
525	Kambyses gliedert Ägypten ins Perserreich ein
522	Nach Kambyses' Tod setzt sich Dareios als Thronfolger durch
514	Ermordung des Peisistratiden Hipparchos in Athen durch Harmodios und Aristogeiton
ca. 513	Skythenfeldzug des Dareios
510	Sturz des Tyrannen Hippias in Athen mit spartanischer Hilfe
508/07	Vertreibung des Isagoras, Reform der athenischen Staatsverfassung durch Kleisthenes (Phylenreform)
506	Erfolgreiche Abwehr der Angriffe auf Athen, Bündnis-Verpflichtung gegenüber dem Satrapen Artaphernes
500/499	Beginn des ionischen Aufstands
494	Seeschlacht bei der Insel Lade besiegelt ionische Niederlage
494/93	Erstes Archontat des Themistokles, Beginn des Ausbaus des Piräus
492	Feldzug des Mardonios nach Thrakien und Makedonien
490	Strafexpedition des Datis und Artaphernes in die Ägäis, Schlacht bei Marathon
486	Tod des Dareios, Xerxes wird sein Nachfolger
ca. 485	Niederschlagung des ägyptischen Aufstands durch Xerxes

483	Beginn der persischen Rüstungen für die Heeres- und Flottenexpedition gegen Griechenland
483/82	Beginn des athenischen Flottenbaus auf Initiative des Themistokles
481	Xerxes trifft in Sardeis ein
481	Gründung des Hellenenbundes
480	Frühjahr: Xerxes überschreitet den Hellespont August: Das persische Heer besiegt ein griechisches Kontingent bei den Thermopylen; Seeschlacht am Kap Artemision; Rückzug der Griechen, Räumung Attikas und Athens September: Sieg der griechischen Flotte bei Salamis; Rückzug des Xerxes nach Sardeis; Überwinterung seines Heeres in Thessalien
480	Sieg des Tyrannen Gelon von Syrakus über die Karthager am Himera
479	Doppelsieg der Griechen bei Plataiai und bei Mykale
479/78	Mauerbau in Athen; Abfall kleinasiatischer Griechenstädte von den Persern; Eroberung von Byzantion unter dem Oberbefehl des Pausanias
478/77	Gründung des Delisch-Attischen Seebundes
ca. 467/66	Kimon triumphiert über die Perser in der Doppelschlacht am Eurymedon
ca. 465	Ermordung des Xerxes', Artaxerxes neuer König
460	Beginn des Baus der »Langen Mauern« in Athen; Flottenexpedition nach Ägypten
454	Vernichtung der Flotte in Ägypten durch die Perser; Verlagerung des Sitzes und der Kasse des Seebundes von Delos nach Athen
449/48	Einigung zwischen dem Seebund und dem Perserreich auf die jeweiligen Einflusssphären in der Ägäis (»Kallias-Frieden«, umstritten)
446/45	Dreißigjähriger Frieden zwischen Athen und Sparta vereinbart
431–04	Peloponnesischer Krieg

Quellen und Literatur

Quellen

Aischylos, Sämtliche Tragödien, München 1977

Aristophanes, Sämtliche Komödien, München 1976

Diodoros, Griechische Weltgeschichte, Buch XI – XIII, übers. von Otto Veh, Stuttgart 1998

Herodot, Neun Bücher der Geschichte, übers. von Heinrich Stein, bearbeitet von Wolfgang Stammler, Essen ²1984

Plutarch, Große Griechen und Römer, München 1979

Thukydides, Der Peloponnesische Krieg, übers. von Helmuth Vretska, Stuttgart 1977

Literatur

Albertz, Anuschka, Exemplarisches Heldentum. Die Rezeptionsgeschichte der Schlacht an den Thermopylen von der Antike bis zur Gegenwart, München 2006

Assmann, Jan, Das kulturelle Gedächtnis. Schrift, Erinnerung und politische Identität in frühen Hochkulturen, München ⁶2007

Balcer, Jack Martin: The Persian Conquest of the Greeks (545–450 BC), Konstanz 1985

Beloch, Karl-Julius, Griechische Geschichte, Abt. I, II. Bd., Straßburg ²1914

Bengtson, Hermann: Griechen und Perser, Frankfurt am Main 1965

Ders.: Griechische Geschichte. Von den Anfängen bis in die römische Kaiserzeit, München ⁵1977

Bleckmann, Bruno (Hg.), Herodot und die Epoche der Perserkriege, Köln 2007

Bleicken, Jochen: Die athenische Demokratie, Paderborn ⁴1995

Demandt, Alexander, Es hätte auch anders kommen können. Wendepunkte deutscher Geschichte, Berlin 2010

Dickie, Iain, Martin J. Dougherty, Phyllis G. Jestice, und Christer Jörgensen: Geschichte der Seekriege, Stuttgart 2010

Förster, Stig, Pöhlmann, Markus, Walter, Dierk (Hg.): Schlachten der Weltgeschichte. Von Salamis bis Sinai, ²2002

Jung, Michael, Marathon und Plataiai. Zwei Perserschlachten als »lieux de mémoire« im antiken Griechenland, Göttingen 2006

Krieger, Wolfgang, Und keine Schlacht bei Marathon. Große Ereignisse und Mythen der europäischen Geschichte, Stuttgart 2005, S. 1–24

Lazenby, J. F.: The Defence of Greece, 490–479 B.C., Warminster 1993

Meier, Christian: Athen. Ein Neubeginn der Weltgeschichte, München 2004

Morrison, John S./Coates, John F., Die Athenische Triere. Geschichte und Rekonstruktion eines antiken Kriegsschiffs der griechischen Antike, Mainz 1990

Schulz, Raimund, Die Antike und das Meer, Darmstadt 2008

Ders., Athen und Sparta, Darmstadt 2003

Stein-Hölkeskamp, Elke und Hölkeskamp, Karl-Joachim (Hrsg.), Erinnerungsorte der Antike: Die griechische Welt, München 2010

Strauss, Barry, The Battle of Salamis. The naval encounter that saved Greece, New York 2004

Stroh, Wilfried, Die Macht der Rede. Eine kleine Geschichte der Rhetorik im alten Griechenland und Rom, Berlin 2009

Tetlock, Philip E., Lebow, Richard Ned, Parker, Geoffrey (Hg.), Unmaking the West. »What-If?«-Scenarios That Rewrite World History, 2006

Wallinga, Herman T., Xerxes' Greek Adventure. The Naval Perspective, Leiden/Boston 2005

Welwei, Karl-Wilhelm, Das klassische Athen. Demokratie und Machtpolitik im 5. und 4. Jahrhundert, Darmstadt 1999

Ders., Sparta. Aufstieg und Niedergang einer antiken Großmacht, Stuttgart 2004

Wiesehöfer, Josef: Das antike Persien, Düsseldorf/Zürich 1993

Ders., Das frühe Persien. Geschichte eines antiken Weltreichs, ^{3}2006

Ders., Griechenland wäre unter persische Herrschaft geraten …« Die Perserkriege als Zeitenwende?, in: Brinkhaus, Horst, Sellmer, Sven (Hrsg.), Zeitenwenden. Band 4: Asien und Afrika. Hamburg 2002, S. 209–32

Will, Wolfgang, Die Perserkriege, München 2010

Register

A
Abdera 41, 129, 133
Abydos 62
Achaimenes 59, 90
Achaimeniden 20, 41, 47, 142
Actium 144
Adeimantos 68, 79
Aigina 10, 32, 51, 59, 61, 74, 75, 83, 84, 89, 92, 95, 96, 125, 149, 150, 151
Aiolis 41, 44
Aischylos 27, 28, 57, 86, 87, 89, 93, 98, 99, 104, 105, 108, 135, 137
Akropolis 10, 36, 37, 52, 57, 65, 73, 75–77, 114, 130, 139, 149
Aleuaden 64
Alexander der Große 142
Alexandros von Makedonien 109, 137
Amasis 23
Anaxagoras 129, 131, 134
Anshan 22
Antonius 144
Aphetai 67, 68
Archon 34, 60, 142
Ariabignes 90
Aristagoras 33, 45–48, 91
Aristeides 27, 35, 72, 89, 98, 105, 111, 113, 119, 120, 150
Aristogeiton 142, 153
Aristophanes 130, 132, 135
Aristoteles 130, 142
Artabanos 78, 85
Artabazos 112, 115, 149, 150
Artaphernes 37, 39, 41, 45–47, 49, 51, 52, 153
Artaxerxes 72, 122, 125, 126, 147, 154
Artemisia 26, 81, 82
Artemision 10, 13, 65, 66–69, 71, 73, 75, 80, 87, 91, 103, 154
Aspasia 128, 132
Aspathines 91
Astyages 22, 153
Athen 10, 15–18, 26, 27, 31, 33–39, 46, 47, 50–53, 57–61, 65, 66, 69–71, 73, 75, 77–80, 84, 85, 89, 96, 97, 104, 106, 107, 109, 110, 111, 113, 117–131, 133–135, 139–143, 147–150, 152–154
Athena 10, 12, 13, 65, 71, 130, 131, 150
Athos 50, 51, 62
Atossa 90, 93
Attika 9, 10, 17, 33, 34, 36, 53, 57, 65, 70, 73, 75, 77–79, 82, 84, 91, 101, 108, 110, 119, 128, 129, 140, 149, 154
Augustus 144
Auletes 11, 102

B
Babylon 23, 28, 29, 31, 39, 114, 153
Bisutun 39
Boiotien 38, 53, 65, 77, 111, 125
Bosporus 38, 40, 42, 43, 62, 117, 118, 126
Byzantion 41, 43, 116–118, 154

C
Chalkidike 50
Chalkis 38, 47, 67
Charon von Lampsakos 27
Chersonesos 36, 43, 56, 113
Chios 44, 48, 112, 120
Chorege 135

D
Dareios 15, 19, 27, 28, 31, 32, 35, 37–51, 56, 59, 61, 90, 122, 139, 145, 148, 153
Datis 50–52, 153
Daurises 47
Delos 52, 112, 120, 154
Delphi 26, 60, 64, 65, 77, 89, 100, 109, 116, 131, 137
Demaratos 38
Demokratie 18, 34, 121, 134, 138, 142
Diodoros 27, 59, 72, 83, 89, 94, 98, 106, 108, 126
Dionysios 103
Dionysios von Milet 27
Donau 40, 43
Doriskos 40, 50, 91

E
Eion 50, 119
Ekbatana 22, 153
Elam 22, 39
Ephialtes 69, 123
Ephoros 98
Eretria 47, 50–53
Euboia 38, 45, 47, 52, 67–69, 71, 87, 109
Euripides 135
Euripos 67, 68, 71, 76
Eurybiades 68, 75, 79, 81, 89, 95, 109
Eurymedon 119, 154

G
Gaumata 91
Gelon 63, 150, 154
Gobryas 90
Gorgias 129

H
Halys 23
Hamilkar 63
Harmodios 142, 153
Harpagos 21, 30
Hebros 40
Hegel, Georg Wilhelm Friedrich 138, 144
Hellespont 19, 36, 38, 40–42, 44, 46, 47, 61, 62, 64, 82, 91, 96, 106, 108, 109, 112, 113, 115, 154
Heloten 32, 117, 122, 149
Herakles 53, 141
Herodot 22, 23, 26–30, 33–35, 37–39, 42, 43, 45, 47–53, 56, 60, 62, 65, 67, 68, 71–73, 76, 79, 81–83, 86, 87, 89, 90, 93, 95, 100, 103–106, 108–110, 113, 116, 129, 131, 137, 138, 140, 141, 143
Himera 154
Hippias 37, 39, 46, 52, 77, 142, 150, 153
Histiaios 43, 44, 48
Hopliten 11, 16, 56, 57, 63, 64, 97, 101, 102, 111, 123, 125, 141, 149, 150
Hydarnes 69

I
Inaros 125
Ionier 10, 16, 22, 29, 33, 43, 48, 49, 65, 73, 85, 86, 90, 92, 100, 103–105, 112, 117, 120
Ionischer Aufstand 73
Isagoras 34, 153
Isonomie 34–36, 46, 59, 121, 150
Isthmos 63, 64, 71, 75, 80, 82, 84, 85, 109, 111, 115, 137, 149

K
Kallias 126, 127, 154
Kallimachos 56, 57, 139
Kambyses 22, 28, 31, 39, 42, 44, 91, 153
Kappadokien 23
Karien 44, 47
Karthago 59, 63
Karystos 52, 109, 119
Kilikien 28, 31, 44, 49, 97, 110
Kimon 27, 65, 115, 117, 119, 121, 122, 124, 126, 140, 141, 150, 154
Kleisthenes 34–36, 132, 153
Kleomenes 33, 37–39, 61, 66
Kleopatra 144
Kolophon 21
Korinth 32, 59, 61, 63, 68, 71, 79, 96, 126, 127
Kroisos 22, 23, 28–31, 33, 137, 153
Kroton 45, 64
Ktesias 146
Kynegeiros 57
Kyros 19–23, 26, 28, 29, 31, 33, 39, 42, 44, 46, 48, 91, 110, 153

L
Lade 48, 51, 85, 103, 153
Lakedaimon 32, 33, 37, 100, 112, 113, 118, 122, 149
Lakrines 33
Larisa 64
Laureion 61, 130
Leiturgie 96, 129
Leonidas 66, 69, 111, 139, 143
Leotychidas 112
Lepanto 145
Lesbos 44, 48, 113, 120
Lokris 65
Lydien 28, 29, 31

M

Makedonien 37, 41, 50, 62, 64, 65, 77, 90, 97, 142, 153
Mandrokles 40, 42, 43
Marathon 12, 15, 16, 35, 52, 53, 56–59, 64, 65, 101, 133, 135, 136, 138–144, 146, 147, 150, 153
Mardonios 15, 17, 49, 50, 60, 82, 85, 91, 108, 109, 111, 112, 115, 116, 149, 153
Massageten 31
Mazares 30
Meder 21–23, 30, 46, 51, 58, 61, 64, 65, 67, 68, 75, 109, 140
Medismos 51, 66
Megabazos 41, 90
Megara 32, 60, 75, 84, 87, 88, 94, 125
Metöken 73, 128, 130
Milet 22, 29, 30, 33, 43–48, 96, 110, 151
Miltiades 36, 43, 56, 58, 65, 119, 139, 140, 141, 150
Mykale 48, 110, 112, 114, 154
Myrkinos 43, 48

N

Nabonid 23, 31
Naukratis 61
Naxos 45, 51, 52, 58, 91, 122

O

Oinophyta 125
Olbia 41
Olymp 50, 64, 67
Olympia 131
Ostrakismos 35
Otanes 41, 43

P

Paktyas 29
Panaitios 89
Pangaion 36, 38, 41, 43, 121
Paros 45, 58
Parthenon 131
Pasargadai 31, 42
Pausanias 111, 116–118, 139, 143, 146, 154
Pedias 51
Peisistratos 36, 37, 52, 61, 78, 150
Peloponnes 16, 33, 37, 53, 70, 71, 75, 77, 80, 84, 110, 111, 122, 123, 125, 140, 145, 149
Pentekontere 62, 96
Periandros 96
Perikles 26, 74, 124, 128, 131, 134, 150
Persepolis 42
Phaleron 13, 57, 60, 76, 83, 85, 87, 89, 92, 99, 106
Pharmakussa-Inseln 99, 106
Pheidias 131
Pheidippides 53
Philipp II. 142
Phokaia 21, 42
Phokis 65, 125
Phönizier 10, 16, 47, 65, 86, 90, 91, 96, 100, 101, 105, 106, 119
Phoros 22, 31, 120
Phrynichos 27
Phylen 34, 140
Plataiai 17, 18, 53, 77, 110, 111, 115, 116, 130, 136, 138, 141, 142, 143, 144, 146, 147, 154
Platon 97, 132
Plutarch 27, 61, 65, 72, 83, 86, 89, 98, 100, 101, 142
Polemarch 35
Polygnot 141
Pontos 32, 41, 44, 109
Prexaspes 90
Priene 21, 30
Protagoras 129, 131, 133
Psyttaleia 88, 93, 94, 99, 105, 137
Pteria 23
Pythia 37, 39, 60, 65, 77

S

Saken 56, 62, 67
Salamis 9, 10, 12–19, 27, 51, 61, 70–72, 74, 75, 77–89, 91–97, 99, 101, 103–105, 107–113, 115, 123, 124, 126, 130, 136–138, 140, 141, 143–151, 154
Samos 26, 40, 42, 44, 48, 77, 89, 96, 112, 118, 120, 121
Samothrake 104
Sandokes 67
Sardeis 23, 29, 33, 37, 41, 46–49, 51, 63, 78, 108, 153, 154
Satrap 18, 28, 29, 37, 41, 49, 51, 59, 90, 114, 149, 153

Seebund, Delisch-Attischer 101, 119, 120, 125–127, 129, 130, 140, 148, 154
Seebund; Delisch-Attischer 121
Sestos 62, 113
Sidon 91
Sigeion 36, 37, 46
Sikinnos 84
Simonides 139, 143
Sinope 41
Siris 80, 150
Sklaven 45, 51, 56, 74, 77, 84, 128, 129, 134
Skyros 119, 141
Skythen 19, 26, 38, 40–42, 44, 51
Smerdis 91
Sokrates 132
Sophisten 132, 133, 150
Sophokles 131, 135
Sparta 10, 16–18, 23, 32, 33, 36–39, 46, 51, 53, 56, 58, 61, 64, 71, 72, 107, 109, 110, 111, 113, 115–120, 122, 124–127, 129, 130, 132, 139, 140, 143, 148, 149, 154
Strymon 50, 62, 119
Susa 15, 22, 33, 42, 45–47, 50, 57, 58, 63, 72, 78, 85, 106, 118, 122, 142, 147–149
Sybaris 45

T
Tanagra 125
Tarent 36, 150
Telephanes 42
Tenos 89
Teos 21
Tetramnestos 92
Thalamit 96
Thales 30
Thasos 121, 122
Themistokles 10, 16, 18, 26, 27, 35, 60, 61, 65, 68, 71–73, 76, 79, 80, 83–86, 88, 89, 95, 97, 100, 104, 105, 109, 111, 116, 144–146, 153, 154
Theognis 60
Thermopylen 57, 64, 66, 67, 69, 71, 75, 76, 85, 136, 139, 143, 147, 154
Theseus 141
Theten 73, 123, 124, 150
Thranit 96
Thukydides 27, 62, 80, 102, 115, 116, 125, 134
Thurioi 27, 131
Tolmides 126
Trierarch 96, 129
Triere 10–13, 15, 16, 51, 57, 61, 62, 65–69, 73, 75, 79, 80, 87, 88, 90, 91, 92, 95–106, 113, 119, 123, 125, 126, 137, 147, 150
Troizen 71, 74, 125, 149, 151
Tropaion 137, 139, 141
Tyrann 26, 30, 35–39, 43, 46, 48, 49, 52, 56, 63, 78, 96, 150, 153, 154

V
Volksversammlung 34, 35, 38, 47, 56, 61, 73, 121–123, 130, 133, 150

X
Xanthippos 72, 74, 113, 124
Xenophanes 21
Xerxes 13–20, 27, 28, 34, 36, 40, 42, 43, 50, 57–59, 62–64, 66–73, 76–79, 81, 82, 85–88, 90, 91, 93, 99, 101, 106–110, 112–120, 127, 137, 139, 140, 142, 144, 147–149, 151–154

Z
Zygit 96